蓝狮子·大师思想实战 ❶

新增长路径

营销驱动增长的底层逻辑

曹虎 著

中国友谊出版公司

图书在版编目（CIP）数据

新增长路径：营销驱动增长的底层逻辑 / 曹虎著
. -- 北京：中国友谊出版公司，2023.8（2023.12 重印）
ISBN 978-7-5057-5657-1

Ⅰ．①新… Ⅱ．①曹… Ⅲ．①市场营销学 Ⅳ．
①F713.50

中国国家版本馆 CIP 数据核字（2023）第 106978 号

书名	新增长路径：营销驱动增长的底层逻辑
作者	曹虎
出版	中国友谊出版公司
策划	杭州蓝狮子文化创意股份有限公司
发行	杭州飞阅图书有限公司
经销	新华书店
制版	杭州真凯文化艺术有限公司
印刷	杭州钱江彩色印务有限公司
规格	880 毫米 × 1230 毫米　32 开
	10 印张　201 千字
版次	2023 年 8 月第 1 版
印次	2023 年 12 月第 3 次印刷
书号	ISBN 978-7-5057-5657-1
定价	69.00 元
地址	北京市朝阳区西坝河南里 17 号楼
邮编	100028
电话	（010）64678009

本书敬献给我亲密的朋友、严格的导师、尊敬的合伙人及慈爱的长辈米尔顿·科特勒（Milton Kotler）先生。

　　感谢他对我的帮助和指引，也感谢他对中美企业营销和社会繁荣做出的贡献！

推荐语

Recommendation

　　很多企业发展到一定阶段都会面临持续增长的问题，作为消费级3D打印的头部企业，创想三维也需要破解持续增长的问题。我们与科特勒咨询集团（Kotler Marketing Group，KMG，后文简称科特勒）的合作非常有收获，科特勒咨询团队给我们提了很好的增长建议，比如拓展产品圈层市场、基于3D打印生态的顾客价值经营、国际市场全渠道等，让我们受益匪浅。本书对这些方法和模型进行了系统讲解，相信对各位读者也会有所帮助！

——敖丹军[①]　创想三维创始人、董事长

[①]　按推荐人姓名首字母排序。

当下企业经营的矛盾是：一方面企业越来越关注增长，一方面增长变得越来越难。龙腾出行在面临同样的难题时，得到了科特勒咨询团队的鼎力支持，实现了战略升级、业务转型、全球化和业务高质量增长。目前，龙腾出行的业务已进入全球140个国家和地区，成为真正的国际化品牌。我很高兴看到曹虎博士推出新作，他深刻的思考、扎实的理论功底和多年的咨询经验帮助了龙腾出行，相信也能帮到更多的企业朋友，特别是关注增长的企业朋友。

——蔡可慧　龙腾出行创始人、董事长

作为长城物业集团的品牌战略顾问，我和曹虎博士相识、相知已超过15年。期间我们一起讨论、创造和实践了不少品牌管理新方法和新工具，对长城物业集团成为全国领导性品牌提供了实质性帮助。本书是对这些方法和工具的系统归纳和总结，是一本值得中国企业家和管理者深入阅读的专业之作！

——陈耀忠　长城物业集团董事长

在中国的营销人中，曹虎先生以原创性的逻辑发现和跨越性的范式创新著称。云南白药集团正在和科特勒针对产品GTM（Go To Market，进入市场）策略做深入的探索和研究，在相邻市场拓展式增长和能力完善式增长上构建新的蓝图。这本书中所描绘的增长路径仿如通向市场和客户的"巴别塔"，有历史性和时代性的价值。

——董明　云南白药集团总裁、首席执行官

在不确定的市场，增长是企业能够确定的第一策略。本书从营销战略层面，给出了一张可执行的增长图。

——侯孝海　华润啤酒（控股）有限公司董事会主席

曹虎兄一直是科特勒营销管理思想的创新诠释者和锋线推广者。他的《新增长路径：营销驱动增长的底层逻辑》一书既呼应了《营销管理》（*Marketing Management*）（第16版）中关于增长的最新观点，又对这些观点做出了更有逻辑的论述。那就是把增长分为结构性增长和战略性增长，并对每一类增长的具体路径给出了有力的阐述和论证。我认为他绘就的营销驱动增长的结构图对于数字化时代企业营销战略的规划和执行，乃至对营销组织的设计都有积极的指导意义。

——蒋青云　复旦大学管理学院教授
复旦大学东方管理研究院院长、《营销管理》（第16版）中文版译者之一

在数智化时代，良性增长是企业发展的第一要务。曹虎通过顾客、产品、渠道、品牌、数字化，将良性增长的目标拆解为五大路径，不仅解释了何为良性增长，还系统性地给出了如何实现良性增长的建议方案。

——刘润　润米咨询创始人

如何持续增长是企业面临的重大问题。在当下存量竞争和全球

市场格局加速重构的大背景下，企业需要以新发展观为指导，不断创新高质量增长方式。曹虎先生的这本书从战略营销视角出发，对如何构建增长引擎和实现高质量增长进行了分析和总结。他结合科特勒的战略营销咨询实践，不仅提出了营销驱动增长的结构图，还阐述了顾客、产品、渠道、品牌和数字化是如何帮助企业实现业绩增长的。通过阅读本书，读者可以获得对新增长模式的启发和洞察。

——王成　TCL科技集团首席运营官

曹虎先生的新作《新增长路径：营销驱动增长的底层逻辑》，是一本以扎实的市场营销和战略管理理论为基础，融合作者丰富的企业市场营销和增长管理咨询经验，在当前全球经济大调整与中国人口红利消失的环境下，对企业实现持续增长具有非常强的指导意义和可操作性的好书。本人自离任中航国际、中航通飞等大型国企后，致力于在协会平台推动企业数字化转型，同时参与创立服务于老年教育的金龄科技有限公司。本书既适用于创业企业的突破性增长，也适用于传统企业的转型增长。本人强烈推荐企业的首席执行官、首席问题官、首席营销官和广大中高管阅读此书！

——吴光权　中航国际、中航通飞原董事长，

深圳工业总会会长，金龄科技有限公司董事长

营销中所谓不变的内核，我认为有两个：第一，人与人的沟

通；第二，"有利可图地满足消费者的需求"［菲利普·科特勒（Philip Kotler）］。每一代营销人都是在"人与人沟通"和"有利可图地满足消费者的需求"这两个不变的点上不断创新。面对当下纷乱复杂的局面，曹虎这本书尝试回归营销的底层逻辑，帮助你找寻"新增长路径"。

——吴晓波　财经作家，890新商学、蓝狮子出版创始人

与曹虎、王赛先生合著的《什么是营销》相比，这本书是写给企业决策者和营销高层的，因此更具战略高度。作者以企业增长为目标，倒推实现增长的五大路径，逐层拆解并给出了具体的实战案例，值得认真阅读。

——张玉　雍禾医疗集团董事局主席

推荐序

Foreword

　　曹虎的新书要出版了，听到这个消息我非常高兴。

　　这本书的不少内容来自我弟弟米尔顿·科特勒和曹虎领导的科特勒咨询集团在中国市场的咨询实践和研究成果，它系统地反映了中国企业持续创新的最佳实践。本书中的营销增长方法论和具体案例对中国企业极具启发和指导意义，希望读者能够从中获益。

　　2019年，我在北京举办的"科特勒未来营销峰会"上提出了"营销是推动企业增长的一系列商业策略。"在后疫情时代的今天，我们看到媒体、营销渠道、数字工具、人工智能和新生活方式不断涌现。营销开始越来越多地应用"以人为本"的技术，以提高面对多世代受众时的准确性、效率和有效性，从而推动企业的可持续发展。

我们正在迎来一个激动人心的营销新世界。在我看来，未来的市场营销有以下特点：

● 营销的最终目的将是提高顾客的福祉。

● 营销将解决可持续性以及盈利性的问题。

● 营销将成为企业的增长引擎。

● 许多企业将实行"品牌行动主义"[①]。

● 建立可信的、更具人文关怀的企业声誉。

● 新的营销方向将是"人对人"的营销。

● 拓展和丰富营销的"4P框架"[②]为"7Ts"[③]。

● 营销人员将更依赖以"以人为本"的营销技术进行营销决策和决策执行。

● 营销人员将使用预测分析和机器学习技术识别和转换最佳场景。

---

① 品牌行动主义指品牌基于自身价值观和信念采取公开立场，以期推动变革，解决社会上的一些紧迫问题。

② 营销的"4P框架"中的"4P"分别为Product（产品）、Price（价格）、Place（分销渠道）、Promotion（推广）。

③ 科特勒营销思想认为有7个要素决定了营销绩效，简称7Ts，详见《营销管理》第16版。

● 营销人员将使用顾客消费路径、接触点营销、人设营销、内容营销和影响者营销等手段。

● 顾客不需要借助广告或销售人员就可以选择最好的品牌。

● 营销成功将主要取决于创新的定价、强大的品牌和能够主导渠道的地位。

● 营销创意将是体验营销的关键。

还有很多新的营销趋势，在此我不多赘述。关键信息很明确：在快速变化的世界中，唯一持久的增长战略是不断学习和重塑自己，以提高顾客价值，创造更美好的世界。正如我常说的："五年之内，如果你还按照一样的方式做着一样的生意，那么你离关门大吉就不远了。"

希望你喜欢这本书！

——菲利普·科特勒

美国西北大学凯洛格商学院国际市场营销学S.C. Johnson & Son

杰出教授（荣誉退休）

科特勒咨询集团荣誉首席顾问

良性增长是每个企业家的使命和追求的目标，而良性增长的根本来源是卓越的营销和以人为本的创新。

这不仅是我和我所在的科特勒咨询集团在市场战略咨询实践中的发现，也是现代营销学之父菲利普·科特勒对营销的最新定义："营销是以顾客价值为中心，驱动良性增长的一系列商业策略"。①

毫无疑问，卓越的营销是企业增长的关键。然而，营销策略和实践方式正面临着日新月异的变化，从科特勒先生提出的"营销3.0"到最新

———————

① 2019科特勒未来营销峰会，于北京。

的"营销5.0"之间只有短短7年时间。我认为有3种力量正在重塑市场营销与企业增长路径。

第一，媒介的变迁：媒介从以前的平面媒体、电视媒体等中心化媒体为主，变成了今天的以实时、互动、多中心化的短视频和社交媒体为主。

第二，技术的升级：云计算、边缘计算、终端计算、传感器技术、顾客数字中台技术改变了顾客和企业交互的方式；以ChatGPT[1]、DALL-E 2[2]、DreamFusion[3]为代表的内容生产工具（AIGC[4]）革命性地重新定义了内容生产和分发范式；精密制造技术、柔性制造[5]、3D打印技术和XaaS模式[6]改变了企业生产和交付产品、服务的方式。

第三，消费者的赋权：消费者主权时代的到来正在改变消费者和品牌之间的博弈规则。长寿导致的多达5代消费者重合的现象，和越来越多深度消费者之间的代际差异给品牌营销带来了"传承和

①　ChatGPT，全名Chat Generative Pre-trained Transformer，是美国OpenAI研发的聊天机器人程序，于2022年11月30日发布。

②　OpenAI文本生成图像系统。

③　谷歌发布的文本生成3D模型。

④　AIGC即AI Generated Content，指利用人工智能技术来生成内容。

⑤　指以消费者为导向的，以需定产的生产模式。

⑥　XaaS是一个统称，包括"X as a service""anything as a service""everything as a service"，意思是一切皆服务。

纳新"的两难处境。

媒介的变迁、技术的升级、消费者的赋权，再加上整个国内外环境的不确定性，这些因素都影响了企业市场营销和业绩增长的基础假设，促使企业必须优化或重构其增长引擎。

我们每个人都能感受到这些变化。过去习以为常的生活方式，熟知的处理事情的路径，曾经坚信不疑、可以带来成功的方法，在今天已经变得不再确定无疑。今天，每个人都必须面对这个以10倍速不断变化的世界，不断改变自己，应对当下的风暴冲击。

在这个世界里，每当面临变化和风暴时，大多数人都选择了逃避，当作无事发生。也有一部分人选择在风暴来临的时候开始"修墙"。但是真正的智者会利用这种变化，利用风暴所创造的机会"造风车"。任何变化、任何危机，总是会给一些人带来弯道超车和全新破局的机遇。

在这样一个剧烈变化的时代，企业如何保持良性增长？企业需要用什么样的模式、方法、视角去理解、创造、传播和交付顾客价值，从而实现业绩增长？这就是本书试图思考和讨论的问题。

本书的核心框架和主要观点源自我的系列线上课程"破解新营销"的第一课：营销增长的底层逻辑。与原课程相比，本书增加了实战案例，更新了营销工具并新增了品牌增长的内容。

这一系列课程共涵盖8门课，第一课就是"营销增长的底层逻辑"。这门课主要是帮助大家构建"市场营销如何驱动企业增长"的思维框架和实用的系统方法。

看完本书，读者能够站在一个全局的认知层面了解营销和增长的本质是什么、营销如何驱动企业销售和利润增长、能够驱动营销增长的组织革新是什么等问题。本书能够帮助读者构建营销增长的结构思维和实用框架，提升读者对营销和增长战略的认知水平，构建读者看待整个新营销世界的视角和方法。

本书绝大多数内容都来自于我在科特勒大中华区市场战略咨询实践中形成的认识和积累的知识。

我的职业生涯几乎都是在科特勒度过的。我于2002年开始在科特勒工作，从刚开始的兼职商业分析员到成为科特勒大中华区和新加坡区域CEO（Chief Executive Officer，首席执行官）已经21年了。科特勒是一家由"现代营销学之父"菲利普·科特勒先生和他的弟弟——战略营销专家米尔顿·科特勒先生共同创建的国际性市场和营销战略咨询企业。从1981年到现在的42年中，科特勒服务了全球376家"财富500强"企业，超过200家创新型企业，以及近20个国家和地区的政府，服务的国内外企业和机构超过了120家。我非常幸运，能够在过去的岁月中和菲利普·科特勒先生、米尔顿·科特勒先生一起学习和工作，他们教会了我如何战略性地思考和策略性地执行。我也十分荣幸，能够服务许多全球的优秀企业家，和他们一起解决企业的发展难题，这让我获得了珍贵的基于真实世界的经验和对真实世界的洞察力。更幸运的是，在过去的21年中，我先后与科特勒大中华区150多位优秀的同事携手工作，他们都是卓越的专业人士，做到了为企业解决问题，对客户尽职尽责。

本书中的不少案例和模型得益于同事们的贡献和启发。在此我要特别鸣谢：科特勒咨询集团大中华区管理合伙人王赛先生，他的《增长五线：数字化时代的企业增长地图》和《增长结构》中的增长模型是本书介绍的主要框架之一；科特勒咨询集团大中华区管理合伙人乔林先生和吴晓兵先生负责的部分咨询项目，也是本书实战案例的重要来源。科特勒咨询集团中国增长实验室内容专家周再宇女士和增长实验室产品总监白娜女士，对本书总体内容的设计和统筹有很大的贡献。

最后，为了让读者能从阅读中更好地获益，我提出如下具体阅读建议。

第一，带着问题，急用先学。本书内容较多也很结构化，因此除了第1章和第2章要先按顺序读完，其余各章读者可以按照与当下问题的相关性决定阅读的优先性。

第二，集体阅读，团队共识。如果有高管团队可以同时阅读本书，则更易于团队之间交流讨论，形成共识，规划营销框架体系。

第三，回归场景，实践复盘。读者可以把书中的框架、模型和工具带入真实的企业场景，做成可供管理团队使用的案例，探索和发现新的增长改进之道。

第四，二次开发，转化讲授。最好的学习是创造。我鼓励读者按照本书的基本结构，再结合自己所在企业或行业的真实情况，将本书开发成与所处企业相关的特别版，并讲授给你的同事。

认真阅读一本专业书籍就如同一次学习之旅！作家马塞尔·普鲁斯特（Marcel Proust）讲过一句话："真正的发现之旅，不在于看到新的风景，而在于获得新的眼光。"希望读者在阅读本书之后，能够获得洞察企业增长之道的新眼光！

曹虎

科特勒咨询集团全球合伙人

大中华区和新加坡区域CEO

目 录

Contents

第 8 章　营销驱动增长的核心理念——283

后　记 / 293

第 1 章

营销驱动增长的3个基石

请读者问自己3个问题：

第一个问题：我所在企业的业务本质是什么？即我所在企业是做什么的？

这个问题看似简单，其实不然，需要读者认真思考。人们总是愿意按照"做什么产品"来定义企业，比如企业是卖手表、卖糖果或者卖服装的……这些都是按照产品分类划分的企业业务类型。但真相确实如此吗？产品分类能够代表企业的业务本质吗？

请读者深度思考一下，你所在的企业该如何超出产品分类定义业务本质？企业到底为谁创造了什么样的价值？ 解决了什么样的问题？ 这才是定义企业业务本质的关键。只有当你明确了这个问题，才能知道企业的目标顾客是谁，竞争空间在哪里，到底要为顾客创造什么样的独特价值，而企业的增长又来源于哪里。

第二个问题：驱动我所在企业业绩增长的根本性力量是什么？

业绩增长的驱动力是什么？行业荣枯周期？技术升级？消费者购买偏好的变迁？整个行业价格带的上移？还是市场的下沉？也就是说，驱动企业业绩增长的根本性来源是什么？企业是如何获益的？

第三个问题：我所在的企业该如何从机会性增长转变到战略性

增长？

如果你所在企业过去的成功是因为抓住了一些短期机会，那么企业的成功就是不可预测、不可管理的，这种类型的增长就叫作"机会性增长"。那么，企业该如何把这种机会性增长变成可以被系统性预测、管理，可以规避风险且有效的长期战略性发展计划？

企业的业务本质是什么？驱动业绩增长的根本性力量是什么？企业该如何从机会性增长变成战略性增长？这3个问题是你一定要不断思考和复盘的。

我希望读者可以带着这3个问题阅读本书，也希望在合上本书之后，读者可以得出答案或者获得启发。

正如我在序言中所讲，卓越的营销是企业良性增长的引擎。我们都在谈论营销，但到底什么是真正的营销？有些人认为营销就是媒介推广；有些人认为营销就是渠道管理；还有些负责品牌打造和做销售的人也说自己是做营销的。但是这些工作属于营销吗？其实它们都是营销当中重要的工作，但是都不能代表营销的全部。

"现代营销学之父"菲利普·科特勒先生对营销的最新定义是："营销是以顾客价值为中心，驱动良性增长的一系列商业策略。"也就是说，营销是企业当中唯一可以连接企业资源、产品和顾客，并让这一切变成收入的商业活动。企业在任何场景下想要实现增长，归根结底都是要完成销售收入和利润的增长，并且增长最终要落实到顾客和企业的交易关系上。所以，市场营销是通过顾客选择、营销定位、产品、渠道、定价和传播方式的多要素组合策略，以此形成驱动企业销售收入和利润增长的商业范式和业务实践。

这段话听起来比较抽象，接下来我会进一步用现代营销最核心的3个基石进行详细描述，让读者理解：到底营销在企业当中发挥着什么样的作用，以及它是如何驱动企业增长的。

基石一：需求管理

营销的第一个基石是需求管理。营销是企业负责满足并交付顾客需求的核心职能。

彼得·德鲁克（Peter Drucker）曾经说过，企业存在的唯一目的就是创造顾客。企业用产品和服务满足顾客需求，这就是企业得以存在的意义和价值。

所以，市场营销工作的第一步就是深度理解企业的顾客是谁，顾客有什么样的需求，企业的产品和服务该如何满足顾客的需求。

什么叫作需求？需要（needs）、欲望（wants）和需求（demands）之间有什么区别？（见图1-1）

图1-1　需要、欲望和需求之间的关系

"需要"是一个生物学概念，与物种和进化有关，相对恒定。"欲望"是一个社会性概念，与社会文化环境、科技发展等有关，多变且可塑性强。"需求"则是一个经济学概念，与供给和经济水平有关，是经济增长的主要推动力。我从营销视角对需求的定义是：需求等于有支付能力的欲望。举个例子，在尼安德特人的时代，人们口渴时怎么办？他们大多只能喝天然的地表水。作为人类，我们基本的生理需要是不会改变的。人类以前会口渴，十万年之后的今天仍旧会口渴。但到了今天，人类满足生理需要的方式发生了很大的变化。比如当一个人口渴了，他可以喝自来水、白开水、矿泉水、纯净水，怕上火可以喝王老吉，出于口味和营养的需求还可以喝果汁、啤酒、牛奶等等。也就是说，在今天，人类身体的基本生理需要有很多种方式满足，我把这些叫作欲望。欲望是超出生理需要的，受社会和文化场景、科技发展催生的社会化需求。而需求是基于经济学概念的"欲望×支付能力"的产物，有支付能力的欲望构成了当今营销学意义上的"需求"。

所以，企业的营销并不创造新的"需要"，但是它通过激发新的"欲望"，创造了新的"需求"。好的营销可以让人们的生活更加丰富多彩，让人生更加有趣和有意义。营销工作首先要做的就是理解和创造新的需求，满足那些没有被很好满足的需求。如果没有需求，就不存在企业，也就不存在市场价值和顾客价值。

需求管理是营销的第一个基石，那么企业应该怎样做需求管理？

很多企业都会建立专门的市场研究部门，自己做调研或者外聘专家、顾问做消费者研究。市场研究部门可以帮助企业理解消费者如何使用产品、产品和服务如何解决消费者的问题、企业如何创造美好的需求、企业的产品和服务在消费者生活中扮演的是什么角色等问题，这些都是帮助企业理解和满足消费者需求的工作。

但是在真实世界中，企业对消费者需求的理解并不仅仅依靠市场研究部门和外聘专家团队做的访谈调研。那些有着卓越营销的企业，除了会做定期调研，更重要的是它们对消费者使用产品、服务的场景和消费者的生活有着全方位的观察、体验，以及深度理解。

今天，我们有了数字化平台和大数据，衣食住行得到了全方位的关照，这让我们能够更加深刻地理解消费者需求。很多时候，消费者并不会将需求直接表达出来。假如你去做访谈，问消费者："你觉得我们的产品好吃吗？饮料好喝吗？"消费者说："好吃，好喝。"而当你进一步追问"为什么你觉得好吃和好喝？你的感受如何？你将我们的产品和其他产品进行了怎样的对比？"时，很多时候消费者根本说不出来，因为消费者本身并不是产品专家。企业不应该期望消费者可以直接说出产品应该怎么做，该如何改进，企业真正可以从消费者处获得的高价值信息是：消费者对所使用产品的效果有什么样的期待，消费者真正要解决的问题是什么。

所以，当企业做需求管理时，需要观察消费者的行为、消费者对产品和服务的使用场景、消费者使用产品和服务后的评价，以及消费者与其他人的互动。比如企业可以从消费者对产品和服务的评价中，挖掘消费者用语言无法表述的真正的需求满足程度，以及决定消费者购买产品和服务的"购买标准"。

因此，需求管理绝不仅仅是访谈调研。需求管理是对消费者使用企业产品和服务的场景、动机、评价的全方位感知，需要从多维度数据出发，结合对人性的洞察和行为学研究方法，穿透表象直达本质。

当下，企业想要有效理解消费者需求，就要建立针对市场营销的研究部门，建立对消费者多维度数据持续收集、监控和归纳的洞察部门。同时企业要能够对这些数据进行解读，将它们变成知识，并让这些知识变成管理决策，从而帮助企业优化产品设计、产品场景选择、产品定价，甚至能助力企业探索该用什么样的内容和形象与消费者沟通企业的产品和服务。

比如，宝洁公司的市场研究部门就代表了它的核心竞争力，该部门负责"思考和优化"宝洁公司和消费者市场之间的动态互动。该部门的核心工作是持续不断地深度理解消费者需求到底是什么，以及消费者需求是如何变化的，同时洞察市场趋势，为宝洁公司的战略和商业决策提供支持。宝洁公司的很多产品看似简单，比如洗发水、家庭清洁用品、牙膏、个人护理产品等，但实际上这些产品针对的消费者需求是非常多样化的，都是基于对消费者需求的深度洞察。

所以，需求管理是营销的重中之重，是深度理解和提升营销竞争力的根本性来源。

基石二：建立差异化价值

营销的第二个基石是建立差异化价值，也就是企业的产品和服务如何实现其独特性。好的营销一定能够帮助企业通过建立差异化价值，实现产品和服务的独特性，从而使消费者的选择变得更加容易。

当下，一旦一个设计新颖、独特的电子产品面世，很可能在一个月内，深圳华强北电子市场就会出现类似设计的产品。在食品饮料领域，一个爆品上市两个月后，就会有企业推出模仿产品。由于供应链上游的生产制造能力在不断加强，智能化、自动化使中国成了全球制造中心，导致产品本身任何简单的功能性差异都很难保持领先优势。这种差异可以迅速被模仿，除非有强大的专利保护和规则管理限制。像芯片、药物这类产品有很大的差异化属性，因为它们有非常高的制造工艺和专利保护门槛，这些特殊行业不在本书的讨论范围内，本书讨论的只是市场化的竞争性产品。

显而易见，我们正处于一个产品高度同质化的时代，一个产品过剩而消费者注意力稀缺的时代。在这种大环境下，企业该如何塑造差异化？差异化来自于哪里？

有不少企业家朋友告诉我："我们的行业非常难做，因为这个行业的差异化都被别人抢占完了，产品已经没有什么创新空间了。我的企业非常难做，根本没有办法做到产品差异化。"

其实并不尽然！在任何一个行业和产品品类中，都存在无穷无尽的创造独特性的机会，关键是企业对独特性和差异化的理解太过狭隘，才限制了创新的空间。

如今，差异化可以来自以下方式（见图1-2）。比如产品配方的差异化、产品功能的差异化、产品包装的差异化、产品使用场景的差异化，还可以是顾客的差异化、品牌IP（Intellectual Property，知识产权）或文化调性的差异化……更有趣的是，企业还可以实现付费方式、商品交换模式的差异化。其他企业都是采用每卖一个商品收多少钱的商品交换模式，这种商品交换模式能不能进行差异化？比如按照顾客使用企业产品获得的效益多少收费。

举个戏剧公司的例子。西班牙有一家戏剧公司从不卖票，观众全是免费入场。当观众进入剧场之后，剧场会有摄像头进行拍摄，查看每个人笑了多少次，每笑1次收1元钱。如果观众的笑点很高，

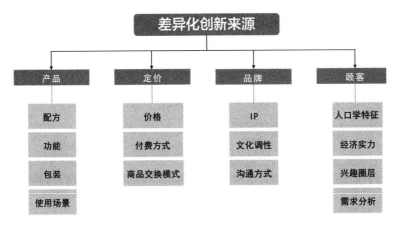

图1-2　差异化创新来源示例

看台上表演的情景喜剧根本不笑，那他就可以免费观看；但如果观众的笑点很低，假如笑了100次，不好意思，那观众就要交100元钱。这是什么？这就是基于顾客使用效果进行的收益分成。

过去，我们认为手表这个行业已经发展了这么多年，无法实现差异化，因为该设计的都被设计了。但是有一个极具创新性的企业叫斯沃琪（Swatch），它就实现了手表的巨大差异化和独特性，因此获得了巨大的成功。斯沃琪重新创造了手表和消费者之间的关系，为了让手表在消费者的生活中扮演一个全新的角色，斯沃琪推出了全球第一款时装表。让消费者可以1周佩戴7块不同的表，使手表成为服饰的一部分，而不是昂贵的计时工具。

在B to B（Business to Business，企业对企业之间）行业，做纸浆产品可以实现差异化吗？也许有人会说："纸浆就是纸浆，怎么差异化？"所有人都认为纸浆行业没有办法进行差异化，于是大家都在拼谁的产品价格更低。但是，纸浆行业其实是有巨大的差异化机会的，比如在纸浆运输过程中是否可以减少人工成本、提升流程标准化，从而提高效率，节省顾客的总体使用成本？以前运输纸浆是采用铁丝固定包装，在包装和卸货时需要很多人力和时间进行捆扎和剪铁丝，而现在用塑料固环包装、固定纸浆块，一提一拉塑料扣环，就能实现纸浆的固定与拆解。这样一来，就节省了人力和时间，提高了运输效率，实实在在地节省了成本。这都是差异化的方式。

所以，今天可以进行差异化的点太多了。如果企业没有发现可以进行差异化的点，就一定会进入"价格战"的红海。没有差异化的点，企业就无法打造品牌，因为品牌对消费者来说应该是有差异化和独特意义的所在。发掘差异化和创造独特性就是营销的重要工作。

差异化来自于超越竞争对手的对顾客的深度理解，它和需求管理高度相关。很难想象一个对用户根本不了解的企业能够创造出差异化价值。如果企业只知道经销商，却根本不了解顾客到底会在什么场景下使用企业的产品和服务，顾客使用企业的产品和服务需要解决什么样的问题，企业怎么可能创造出差异化价值？这样的企业只能模仿竞争对手，于是在市场上，各个企业之间模仿来模仿去，最后只会进入完全竞争状态——所有参与竞争的企业，经济回报为零。

所以，营销工作就是要让供给曲线"失调"，超出唯价格决定论，创造和交付顾客独特的差异化价值。建立差异化价值是营销的第二个基石，它是营销部门和整个企业创造独特用户价值的载体。

基石三：与顾客建立长期价值关系

"把顾客当成猎物，抓住一个是一个，卖出一单是一单，之后老死不相往来"，"只有产品出了问题，顾客才会找人维修"的营销理念已经过时了。今天，新的营销理念已经从将一次性的短期收益最大化，变成了把顾客终身价值（Customer Lifetime Value，CLV）

最大化并作为企业的长期资产。

所以，营销的第三个基石就是：与顾客建立长期价值关系。其本质是提升顾客的终身价值。

顾客终身价值的简单计算就等于顾客在整体生命周期中购买的总金额减去与之相应的企业直接营销成本，把得出的数据用现在的利率折现形成的净现值（Net Present Value，NPV）。比如一罐碳酸饮料是5元，我每年喝365罐，连续喝20年，那么我作为一个顾客值多少钱？即"5×365×20-针对我的直接营销成本"，得出的数据经过折现后的净现值，就是我对于碳酸饮料公司的顾客终身价值。这个公式中的关键是客单价、购买频次和顾客生命周期。顾客生命周期的简单测算方法是年度顾客流失率的倒数，比如一个企业的年度顾客流失率为20%，则该企业的顾客生命周期为5年。所以，顾客流失率的降低（忠诚度的提升）对顾客终身价值的提升影响很大。在美国的保险行业，顾客流失率和企业利润之间的比值可以达到1：17！

如果明白了顾客原来值这么多钱，那么企业最有利的经营方式就是想办法让顾客成为老客户，购买更多的企业产品并且购买的时间变得更长，不仅自己购买，而且还推荐别人购买，这就叫作经营顾客。和顾客建立深度互动关系，形成持续交易基础，是营销非常重要的工作。

其实，经营顾客的观念过去也有，但是企业很难做到。在传统营销环境下，顾客买完东西就和企业失联了，消失得无影无踪。为什么会这样？因为在过去，企业没有和顾客进行连接的基础。而如今有了微信、有了私域和社交网络，顾客可以通过移动互联网和社交平台与企业实现实时连接，从而让企业拥有长期经营顾客的基础。

今天的一些新概念本质并不新，比如"私域营销""会员""超级会员""会员权益管理"等，它们都是依托新的数字化工具，在建立长期顾客价值上的新实践。

本章讲述的这3个基石决定了一家企业的"增长之根"能有多深。如果企业有强大的、深刻的超出竞争对手，甚至超出顾客本身对自己需求的深度理解，企业做出来的产品一定会具有差异化特征和独特的价值，让消费者愿意选择企业的产品，从而形成品牌。同时，由于企业的产品差异化很大，能创造出独特的价值，深度满足消费者能说出来、能意识到甚至没有意识到的需求，那么消费者就不会离企业而去了，他会爱上企业的产品、推荐企业的产品，会长时间购买企业的产品。对于企业来说，自然就形成了与顾客持续交易的基础。

所以，这3个基石之间是高度关联的。企业需要真正静下心来，让这3个基石在企业扎根，在这3个基石的领域做深做透。在这样一个快速变化且注意力碎片化的时代，很多人都在"种草"，种草本身没有问题，但是当大部分人都在种草的时候，那些优秀的企业正在静下心来种树。树和草最大的差别是什么？是根茎不一样。草的根很浅，树的根很深，这样面临挑战才不会轻易倒下，反而会越长越高。时间会成为"大树型"企业的朋友。那么，什么是"营销之树"的根？这个根首先就是这3个基石：需求管理、建立差异化价值和与顾客建立长期价值关系。

第2章

增长的核心驱动力

上一章所讲的营销最重要的3个基石能够帮助读者深刻理解现代营销体系的核心逻辑。2023年开始，我们已经进入到了"后疫情时代"。在后疫情时代，每个行业、每个企业、甚至每个人都要思考：企业该如何重启增长？现实中有哪些因素变了，哪些又没有变？本章将简要总结在后疫情时代，从营销视角看企业增长的4个驱动力（见图2-1）。

驱动力一：超级产品

为什么需要重新构建和梳理产品？因为消费者改变了。宏观和微观环境的变化使消费者从心理到消费需求都发生了显著的变化。

消费者心理的3种变化

首先，在经历了疫情和宏观环境的诸多变化之后，消费者开始产生一种居安思危的心态。

消费者开始意识到，之前习以为常的生活很可能不能一直延续下去，它会被一些不可控的事情打断。因此，在日常生活非常顺畅的时候，也要想到不顺畅的可能——要看到风险。

超级产品

功能+生活方式+文化价值

很多品类正在经历产品分化、产品升级和结构化成长的时期。新消费者细分、新使用场景、新购买标准使创新产品有着巨大的机遇。这既是创新者入场的时机，也是成熟品牌更新自我的机遇。

经营顾客

企业组织重构+智能化

企业需要构建以顾客为中心的增长型组织，设立首席增长官（CGO），建立营销CDP（Customer Data Platform，客户数据平台）中台系统，打通和整合服务顾客的所有流程和智能体系，深度理解和链接顾客，经营顾客终身价值，倒逼产品和渠道升级。

融合渠道

挤压成熟渠道+积极尝试新渠道

对于成熟的渠道，企业需要挤压它们，让成熟渠道提升效率。对于新渠道，企业则要积极尝试，找到核心的新渠道合作模式。最终要形成新老渠道尝试使用，新老渠道、线上线下，公域私域和商域之间的完美融合。

品牌维新

从消费者对品牌的新期待入手

品牌维新"维"的是内容之新；"维"的是品牌与消费者的关系之新；"维"的是为消费者创造全新的生活空间，生活方式和价值观之新。

图2-1　后疫情时代增长的主要驱动力

所以，消费者希望能够更多地把握现在，并对未来做好应变准备。消费者从"未来时间导向"变成了"现在时间导向"——未来是不确定的，但是今天可以掌控。消费者开始认为，我们应该珍惜今天的生活、今天的体验、今天的工作、今天的努力以及和家人朋友在一起的时间。

其次，以ChatGPT为代表的技术大爆发，一方面让人们看到了更多的发展机遇，另一方面也带来了对自己职业和未来竞争力的焦虑。当人们发现生活中的不确定性越来越多，要想在社会中立足，就必须提升自己的竞争力。因此，消费者开始越来越关注如何能够在竞争当中取胜，如何能够提升自身能力，让自己在社会竞争、在不确定性中扮演一个胜利者和强者的角色。所以，力争上游是消费者的另一种心态。

再次，消费者希望从日常生活中汲取更多的意义。当我们面对很多不可控、不顺利的事情时，就会挖掘这些事件背后的意义，从而产生能让自己化解困难的动力。

消费者产生的5种新需求

在这样的消费者心理变化之下，有5种新的消费需求值得企业家和品牌特别注意（见图2-2）。

图2-2　消费者的5种新需求

第一类叫作自我发展型消费。它对应消费者感受到的竞争压力和对未来的不确定性。

自我发展型消费的特征是以提升自我竞争力为核心动机。这种消费需求反应在产品和服务类别上就与提升自身实力和水平相关，比如培训教育、加强身体素质、美容整形、健康防护等。所以，相关的学习、健身、美容、健康饮食、健康生活方式等都会获得更多的消费，因为它们提升了消费者的身体在竞争当中的强度。

第二类叫作心灵富足型消费。它对应的是消费者在面对很多不确定性的时候，希望在瞬息万变、碎片化的世界当中找到一种永恒的存在。在不确定性当中寻找确定性，在短暂当中和永恒连接。

什么是永恒和确定的？比如历史、文化、艺术、科学、感情等，它们可以起到丰富心灵、抚慰心灵的作用，可以让消费者在快速的、物质竞争型的社会中找到除了物质价值之外的精神价值。

第三类叫作自我和解型消费。它对应的是消费者终于从财富竞争、职位竞争、成功者竞争中回归自己，与自己和解的消费需求。

"饶自己一命，放自己一马。"这种想法反映的是消费者开始承认和接受这样一种状态：我并不一定要成为强者，做自己一样可以过得很好。

这种需求反映在购物端，会出现消费者对慢生活的追求。比如消费者开始关注美食、阅读、冥想等。不是所有的时间都要用来学习，拼命签单挣钱。享受美食、阅读一本好的小说、做瑜伽、做冥想，对生活本身进行思考，感知时间的流逝，这些都能使我们获得一种解脱和自我满足，所以我叫它自我和解型消费。

这种需求反映在品牌端就是很多品牌不再讲"我是最好！我是最强的！我是全世界最棒的！"它们开始承认"我的不足"，开始"认怂"，而这种真实的态度反而更容易引起顾客的情感共鸣。

第四类叫作家庭关爱型消费。

外部环境的巨变使得人们开始重视家庭的价值。在外打拼的人之前可能将家庭的价值忽略了，而现在他们开始重新思考生活的幸福之源来自于哪里？它可以来自于我们和他人之间的关系，这些关系决定了我们人生的价值和幸福。

所以，消费者开始关注家庭关爱型消费，愿意花更多的时间和家庭成员在一起，关注家人和朋友可以共同参与的活动，关注未来的家庭保险等。凡是能够提升家庭幸福感的消费品类都会成为销售热点。

第五类叫作居家享乐型消费，还有人把它叫作"懒宅型"消费。在家里，我们可以快乐地享受独属于自己的时光，比如玩网络游戏、接受在线教育、囤货等等。

自我发展型消费、心灵富足型消费、自我和解型消费、家庭关爱型消费和居家享乐型消费，这5类消费在此次疫情之后会获得快速发展和消费者的重视。

以上提到的这些变化，都需要企业用更新的超级产品满足消费者的新需求。什么叫超级产品？就是那些能够把功能性、生活方式、文化价值等需求有机整合在一起的产品。现在，很多品类正在经历产品分化、产品升级和结构化成长的时期。新消费者细分、新使用场景、新购买标准使创新产品有着巨大的机遇。这既是创新者入场的时机，也是成熟品牌更新自我的机遇。

超级产品非常强大，因为竞争对手可以模仿企业的产品功能、产品外观，甚至可以讲述品牌故事，但它永远无法创造企业给顾客带来的强大、动人，融入顾客生活方式、构建顾客认知的产品体验。所以，超级产品是企业应对竞争，满足消费者全新需求的重磅武器。超级产品的本质是产品系统和顾客需求的再匹配。在如今的数智化时代，企业发展的一个重要驱动力就是学会开发超级产品和战略大单品。

驱动力二：经营顾客

如前所述，如今的营销竞争已经非常激烈了，那么营销竞争的最终落脚点在哪里？答案是：顾客之争。

如今，企业的顾客忠诚度正在逐步下降，而获客成本却在逐步提升。举个例子，线上英语教育课程的获客成本（签约一个新学员）可以高达5000元～6000元，而学员的年度流失率最高可达40%。

面对居高不下的流失率，企业该怎么办？这就要求企业必须提升经营顾客的能力，为顾客创造长期价值，提升顾客的终身价值，让他变成企业的忠诚顾客，并且推荐更多的新顾客给企业。经营顾客特别考验企业的能力，最终结果会直接反映在企业的利润表上。

那么，企业如何经营顾客？私域、品牌社群、粉丝群、以效果付费、共享成果等都是经营顾客的方式。

成立于2017年的彩妆品牌花西子在进行产品开发的时候，会先将产品做到可以测试的程度，并通过小程序"花西子御花园"筛选多位体验官，免费寄送样品，跟进使用反馈，之后再完成后续产品开发。不仅如此，花西子还多次推出过类似"万人体验计划"的活动，只要购买过或者使用过花西子产品的消费者，都可以通过活动尝试新品，先到先得。在花西子，产品需要得到90%消费者的认同，方能继续生产。

企业要做好顾客经营，就要改变一锤子买卖的运营模式，企业组织、流程、内部人员激励体制都要随之改变。企业需要构建以顾客为中心的增长型组织，设立首席增长官（CGO），将流程重构为从产品到顾客的端到端增长型。企业要充分实现智能化，建立营销CDP中台系统，打通和整合服务顾客的所有流程和智能体系，做一体化体验，实现线上数字化、线下店面数字化、货架数字化、产品数字化和顾客数字化。深度理解和链接顾客、经营顾客终身价值，倒逼产品和渠道升级。

唯有如此，才能够真正实现企业产品、顾客、顾客使用场景和经营效果的无缝链接。

驱动力三：融合渠道

渠道是所有企业在增长当中最大的一个杠杆，因为渠道可以放大企业资源。企业生产产品，不用自己建分销渠道，就能通过社会分销渠道、经销商、代理商、合伙人等触达消费者。用得好，渠道可以实现四两拨千斤的效果；用不好，渠道就会产生大量问题，让企业产品寸步难行。

今天，渠道正在不断解构和融合。新兴渠道不断出现，比如线上的平台电商、社交电商、兴趣电商、视频电商、DTC（Direct to Consumer，直接触达消费者）独立站，线下的零售O2O（Online To Offline，线上到线下）、超级物种、盒马鲜生等。你会发现，渠道正在发生空前的变迁。

对于成熟的渠道，企业需要挤压它们，让成熟渠道提升效率。同时，还要保证企业的产品在成熟渠道中成为首选产品、首卖产品，提升产品在成熟渠道当中的渠道占比。

对于新渠道，企业则要积极尝试，找到核心的新渠道合作模式。最终要形成新渠道尝试使用，新老渠道、线上线下、公域私域和商域之间的完美融合，而不是互相打架。今天的渠道融合还存在很多问题，比如窜货、定价不一致等，这些问题冲击了既得利益者和新来者之间的关系，还需要进行进一步的系统整合。

成立于2018年3月的冰淇淋品牌钟薛高虽然起势于线上电商，但是在2020年也开始进军线下渠道，比如便利店和商超，并开辟了冰淇淋自动售货机。

作为互联网品牌，主打高纤维健康即食麦片的王饱饱，一开始也是将主力布局在线上渠道。王饱饱在天猫、淘宝、京东、拼多多、网易考拉、苏宁易购均有店铺。王饱饱在淘宝和天猫平台的销售额约占全电商平台的94%，京东平台销售额大约占比4%，其他平台占比约2%。但自2021年起，王饱饱开始将融资主要用于加速线下渠道布局，建设供应链与团队，同时寻找扩大品类、打造多品牌的机会。目前，王饱饱已覆盖线下终端超1万个，线下销量单月占总销量的40%。其中，线下渠道主要集中在KA卖场[①]，如盒马鲜生、

---

① KA即KeyAccount，中文意为"重要客户""重点客户"。对于企业来说，KA卖场就是营业面积、客流量和发展潜力等方面都处于优势的大终端。

大润发、永辉超市等。王饱饱也与部分O2O新渠道开展了良好的合作，如天猫同城购、叮咚买菜等。

饮料品牌元气森林一开始把精力放在线下，因为它认为连锁便利店的冷柜是让自己的产品遇到目标顾客——15～35岁，注重食品健康，有兴趣体验新产品的消费者——的最佳位置。针对每个城市的线下渠道，元气森林都设置了"区域经理—业务主管—业务员"这样的团队结构。截至2022年年末，元气森林已经全面覆盖中国一、二线城市，进入全国400多个便利系统、超过8万家高端商超和便利店，同时也覆盖了天猫、京东等线上电商平台。

无论是钟薛高、王饱饱还是元气森林，无论是从线上到线下，还是从线下进军线上，这些品牌都在通过融合渠道不断寻求增量。

驱动力四：品牌维新

消费者在需求端呈现的变化将是趋优消费①和性价比消费并存，除此以外，消费者对品牌还产生了一些新的期待（见图2-3）。

第一，消费者希望品牌有态度和积极的价值观。

消费者不再喜欢那些四平八稳、一味宣导、没有个性的品牌，

---

① 趋优消费是指消费者甘愿以更高的价格来购买更好的产品或服务的行为，这是一种具有高度选择性的购买行为。

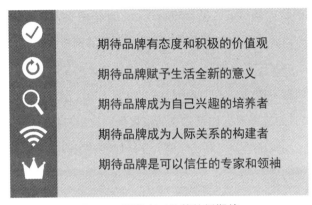

图2-3　消费者对品牌的新期待

来源：青年志研究，科特勒分析

而是希望品牌能够像人一样和自己沟通。是人就有观点、有缺点、爱憎分明，所以消费者喜欢的是那些有态度、有担当、有价值观的品牌。

比如，品牌能够就社会事件清晰地表明自己的态度，能够发声。当出现了"黑天鹅"事件或社会紧急情况时，如果品牌能够放弃短期利益，践行积极的价值观，为社会创造更多价值，而不是在短期内利用这个机会挣钱，这些品牌就会获得消费者的喜爱。

因为今天的消费者在经历了种种事件之后，变得更加关注人类命运共同体，更加关注所有人都要共同经历的事情，更加关注"我是整个社会的一分子"。所以，越来越多的消费者开始关注那些有价值观、以可持续发展和正能量商业模式经营的企业。

2021年7月23日，运动品牌鸿星尔克在自身连年亏损情况下，还向河南特大暴雨灾区捐款5000万元，此举引发大众关注。一时间，关于鸿星尔克"破产式捐款"的话题霸屏网络。冲上热搜的当天晚上，鸿星尔克就感受到了网友们的热情，鸿星尔克的直播间被热情的消费者挤爆，一批又一批网友抢着下单。据京东发布的报告显示，7月23日当天，鸿星尔克的销售额同比增长超52倍。这就是消费者"用脚投票"，以实际消费支持那些有明确态度和积极价值观的品牌的例子。

为了迎合消费者对于环保和绿色的价值观需求，一些行业的营销战也在发生变化。比如天然钻石生产商会委托环保专家，证明培育钻石并非宣传的那般环保，在生产钻石的过程中会消耗数倍于天然钻石的能量。同时，培育钻石的企业也会请专家力证开采天然钻石的碳排放数倍于培育钻石。

越来越多的行业正在意识到消费者对于企业价值观的重视。

第二，消费者越来越期待品牌能够帮助自己赋予生活以全新的意义。

也就是说，消费者希望品牌能够给自己的生活带来创新。比如江小白就用包装创造了一种对话和社交机会。品牌可以给消费者习以为常的品类和生活场景带来全新的意义。

"95后"和"00后"有句话叫"一边作死，一边养生"，具体的表现，比如用最好的化妆品熬最深的夜、喝冰可乐加枸杞等，这些都是消费者在寻求产品突破，寻求新的消费场景。消费者需求的创新实际上可以为品牌提供非常好的价值再创空间。

曾在科特勒增长实验室直播间做过直播分享的霸符糖（BuffX），立足于互联网年轻一代的健康时尚观，通过创新改造，使食品在补充营养的同时还能满足味蕾需求，推出了针对年轻群体的新功能膳食食品，比如BUFF X EAT（健康饮食）、BUFF X SLEEP（舒压助眠）、BUFF X EYES（润眼护眼）、BUFF X SEXY（男性提振）、BUFF X VC（日常免疫）、BUFF X ENERGY（提神醒脑）和BUFF X DRINK（解酒护肝），这些产品满足了消费者对于不同生活场景的需求。

第三，消费者非常期待品牌能够成为自己兴趣的培养者。

我们生活在一个信息高度发达的社会，当沟通越来越便利的时候，生活开始变得越来越无聊，沟通的价值也开始变得越来越小。这是为什么？因为很多事情太容易获得，人们反而会失去兴趣。

人们的生活方式在很大程度上是被品牌所引导和塑造的。这个时候，消费者希望品牌不只是来赚钱的，还希望能够和品牌共同培养一种兴趣。

比如，每次去宜家的时候，消费者不仅可以买到东西，还能获得关于如何搭配色彩，如何用家居软装在一个不大的空间中营造出非常温馨的家的感觉。我经常看红牛的视频，它让我对极限运动感兴趣，它背后的故事也丰富了我的生活。所以，能够帮助消费者培养兴趣、丰富知识的品牌，会为消费者所喜爱，这也印证了消费者想要提升自我竞争力的内心需求。

第四，消费者非常期待品牌能够帮助他们构建人际关系。

品牌要成为某种程度上的社群精神领导者。围绕这个品牌，可以让有相同兴趣、相同价值观、相同爱好、相同追求的人聚在一起，让他们能够相互沟通，丰富自己的生活。这样，品牌在某种程度上就成了一个巨大的IP和兴趣小组。

比如蔚来汽车构建了线上用户社区蔚来App，成为蔚来汽车进行线上用户推广、产品销售、社区建设和车主服务的重要入口。通过蔚来App，用户可以发布消息、预约试驾、发表对产品的意见等。蔚来汽车官方也会在上面发布活动信息。针对用户在debug（除虫）系统上提的意见，蔚来汽车会在24小时内给予回应，甚至会把用户建议直接发到体验经理群里，然后让相关负责人处理。蔚来汽车创始人李斌等高管也会经常在社区和用户互动。在线下，蔚来汽车开设的NIO House（蔚来中心）通常位于一、二线城市核心商圈，面积达上千平方米，除了产品展示，NIO House还兼具共享办公、图书馆、讲座、亲子乐园、咖啡馆等休闲娱乐功能。NIO House不仅是蔚来汽车建立品牌认知的窗口以及社区运营的空间，也是蔚来汽车用户构建人际关系的重要空间。

最后，消费者还希望品牌能成为解决问题的专家，成为在他们遇到问题时可以依靠的思想领袖。因此，品牌还要打造思想领导力，成为某一个领域最专业的存在。比如IBM、华为、谷歌等纷纷在各自领域成了最值得消费者信任的品牌。

因此，企业要提升品牌的亲和度，就是改变打造品牌的方式，从过去高高在上，通过大面积广告"轰炸"，"洗脑式"的品牌传播方式，变成像朋友般地与消费者进行交流，鼓励、赋能消费者，让消费者成为更好的自己并成为品牌的代言人。品牌要能够更好地和消费者一起定义自己。

品牌维新，"维"的是什么新？"维"的是内容之新；"维"的是与消费者的关系之新；"维"的是为消费者创造全新的生活空间、生活方式和价值观之新。

以上是后疫情时代企业增长的主要驱动力。每个企业都在寻求增长，无论是利润还是收入，但增长不会自然发生。上文提到的4个驱动力也不是一个线性结构，增长是一个正向激励的增强型回路，也就是我们所讲的"飞轮"（参见第3章）。接下来，我将给大家展示一张"硬核"增长结构图，描述增长该如何发生。

增长引擎：结构性增长与战略性增长

一个企业的增长引擎由两部分构成（见图2-4）。

第一部分是结构性增长，即企业如何在不进行重大投资、不改变根本商业模式的前提下，用更好的产品配方、更好的能力、更好的杠杆实现增长。企业如何找到最重要的战略支点，实现以小资源、小资金撬动大增长。这是本节要讨论的重点内容。

结构性增长是由3个主要来源驱动的。

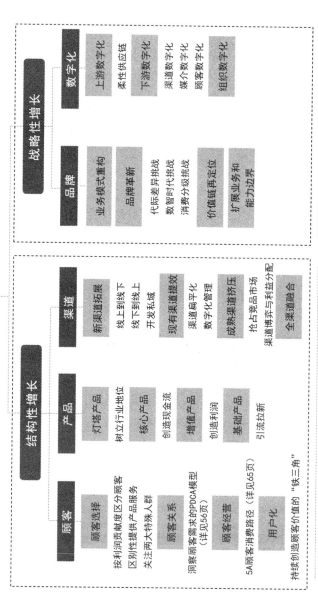

图2-4 营销驱动增长的结构图

一、顾客

顾客是企业所有战略的最终落脚点，企业最终要做到：获得更多的顾客，拥有更优质的顾客组合，促使顾客产生更多的购买行为，激励顾客多次推荐，增加顾客与企业交易的时间……通过调整优化，聚焦顾客、经营顾客，实现企业增长。也就是说，企业不用花更多的预算，通过调整优化顾客就可以实现增长。

企业要留下哪些顾客？不要哪些顾客？要重点服务哪些顾客？在哪些顾客身上削减成本？……对这些问题的综合决定可以最大化企业的顾客收益。通过优化和深化企业的顾客关系，使交易关系可持续发展，企业就能实现顾客终身价值的增长。企业需要经营顾客，让顾客变成企业的推荐者和关键消费者，以及企业成长过程中的重要助推器。

企业还可以把那些每次购买前都要重新决策的顾客（customer）变成用户（user），即将顾客变成订阅模式或基于利润分享模式的用户。所以，顾客选择、顾客关系维护、顾客经营和用户化是顾客为企业带来增长的核心驱动力，即企业要让顾客买得更多、买得更频繁、推荐得更多、买的产品或服务范围更宽。

二、产品

当企业和顾客发生交易时，顾客对企业和品牌的感知都是通过产品产生的。企业该如何有效提升产品效能？如何让产品组合更加合理？如何让产品占有更多顾客的钱包份额？企业可以通过产品组合的优化、产品边界的变化实现增长。

比如某企业购买了广告公司的推广服务，广告公司为该企业提供了很多数据和工具，可以让企业的推广服务更快地提升回报率。再比如，顾客购买了某款剃须刀刀架之后，企业的增值产品就是各种配套的刀片。产品能驱动增长，主要来源于以下几个方面：灯塔产品（即战略大单品）、核心产品、增值产品和基础产品等。

三、渠道

早年，中国企业超越跨国企业的方式，无一不是通过渠道创新。在早期，跨国企业在中国市场的销售都是通过层层分销，但是后来中国企业通过建立省级分公司，缩短了有中间批发代理商的供应链长度，从而获得了成功。毫无疑问，渠道创新能够驱动企业增长。

渠道模式的改变、渠道效率的提升、渠道成员能力的提升，以及以企业和品牌为核心的整个渠道网络领导力的提升，构成了渠道增长的根本性力量。

企业可以搭建新渠道，比如社区团购、DTC独立站、社群电商等渠道。进入新渠道毫无疑问可以推动增长，同时，企业还可以对现有渠道进行提升，通过渠道赋能的方式，帮助渠道成员提升运营效率、物流资金周转率和进店率。

企业还可以通过渠道优惠政策和大力扶持，让自身产品成为渠道中的首选产品，从而提升产品在渠道中的销售占比。此外，企业还可以使用全渠道融合，提升全渠道效率和顾客体验，从而增加顾客的购买行为。

当然，企业还可以进行渠道下沉，把渠道颗粒度做得越来越细。以前企业把渠道按照市级划分，今天企业已经可以按照县级划分渠道了。渠道颗粒度还可以按照乡镇级划分，甚至现在有技术可以让企业做到社区层级。所以，今天的社区团购、郑州大学刘春雄教授提出的BC一体化（BC即Business Consumer，BC一体化就是企业端与消费端一体化）都反映了渠道颗粒度的细化和渠道经营顾客能力的提升。

结构性增长是由顾客、产品和渠道的优化升级以及协同匹配共同实现的。

第二部分是战略性增长。这一部分主要是通过改变企业的业务范围、商业模式或采用全新技术等手段实现增长。比如从前企业只做零售，现在开始做生产制造；原来企业只做生产加工，现在开始做原材料……即通过改变企业业务在价值链当中的定位和范围来实现增长。

战略性增长往往会涉及企业的总体发展战略，涉及大量的新增投资、大量的新能力获取，代价比较高。比如投入成本高、投入时间长、风险巨大，当然回报也是巨大的。本书将着重介绍品牌维新和数字化在战略性增长中所起到的作用。其中，品牌维新作为增长的四大驱动力之一，值得大家认真研究。

接下来，我将以一个真实案例向读者详细拆解：结构性增长和战略性增长在真实世界当中是如何发生的。

实战案例：PPE企业的增长结构图

这是一个基于科特勒真实项目改编的案例。PPE企业是一家著名医药集团的下属健康产品企业。PPE企业正面临一个巨大的挑战：如何实现一个激进的收入增长目标——5年内，销售收入从当前的6亿元增长到50亿元。

要理解这个目标的难度，我们首先要看PPE企业所在行业的平均增长率。根据调研得知，该行业的年平均增长率为18.3%，这意味着PPE企业即使不做任何额外的努力和创新，也可以将年平均增长率做到18.3%，就像坐电梯一样，什么都不用做，就能达到这个数据。如果这个目标都做不到，企业高管就得换人了。

但是PPE企业面对的问题是5年内实现销售收入达到50亿元，意味着每年要实现68.3%的增长。从现有的市场年平均增长率18.3%到68.3%，从6亿元的销售收入到50亿元，中间有着巨大的差距，这个巨大的差距该如何跨越？

这正是"营销驱动的增长"要完成的工作。

情况是复杂的，挑战是巨大的。但是如果回归营销的本质，我们很快就会发现，根据科特勒"硬核"增长结构图，可以把目标分解到支撑结构性增长的三大支柱当中。

支柱一：顾客

要实现44亿元的销售收入差额，需要多少顾客才能够完成？需要多少老顾客新增多少订单，或者需要新增多少顾客？如果既定的每个顾客平均年度购买金额不变，企业该如何拉新、留存顾客，激活、促进消费升级？在每一个方向上，企业都要做极值假设，然后通过控制变量的方法测试，得出以下问题的答案。

做到极致企业需要投入多少钱？

需要新增多少顾客？

需要让顾客的平均客单价达到多少？

……

比如每个顾客现在每年平均购买22元的产品，假设顾客规模不变，约为2630万人，要实现44亿元的销售收入差额，就意味着企业要让每个顾客将每年的消费从22元变成167元，新增的145元从哪里来？[①]

可能的来源之一就是现有产品升级。但是PPE企业是一个医药企业，顾客不可能没生病就吃药，那么增量应该来自哪里？必须来自于和药物治疗效果相关的健康产品当中。那么问题来了：

---

① 计算过程：4400000000÷26300000=167（元/人），为每个顾客每年平均消费金额，167-22=145（元），为每个客户每年新增的消费金额。

现在的健康产品有多少SKU（Stock Keeping Unit，最小存货单位）？

顾客的年度平均消费是多少？

每一种健康产品被顾客购买的可能性的加权平均值是多少？

健康产品的SKU够不够？

健康产品的定价合不合理？

哪些健康产品要主销，哪些是辅销，哪些要做打包联合销售？

要实现44亿元的销售收入差额，现有的渠道能不能完成？

如果能完成，每家渠道需要新增多少销售收入？

企业需要先投入多少钱？

渠道和订单密度要提升多少？

如果现有渠道做不到，还需要新增多少渠道？

现有渠道可以做到的极值是多少？

假设目前有47万家线下零售终端，是否达到100万家线下零售终端时，按照平均客户购买频率和购买金额，就可以完成44亿元的销售差额？

是否需要加大单一渠道的运营效率？

企业的健康产品是否要成为药店首选推荐的保健品？是否要提升客单价？

当我们用解数学题的思路，在既定目标的情况下，按照控制变量法和极值思维，将问题结构化拆分，就会使目标的实现路径变得非常清晰。

我们把这个过程叫作"未战先胜，量化增长"。也就是说，企业已经清楚地知道要打这场仗，并且目标是胜利，那么企业就可以从目标倒推，从今天开始到实现目标总共要完成哪几个动作？每一个动作有没有做到？而不是开始只做一个规划，后续做到哪儿算哪儿，能不能成根本不能确定，到最后才发现成不了。对企业来说，这是一个非常重要的战略思路变迁：以结果为导向，倒推每一个必要的条件和假设，将任务细化到每一个步骤，而且每一个步骤都要放到结构性增长三大支柱的12个具体方法当中。

科特勒给PPE企业画了这样一张增长结构图（见图2-5）。

大家先看"顾客"这部分，在设计这部分的增长结构图时，企业需要想明白6个核心问题：

① 顾客为什么购买企业的产品？对于顾客来说，企业生产的是治疗疾病的刚需产品，还是提升免疫力的保健品？

② 企业有多少种顾客？他们的重要度分别是怎样的？当把重要度和顾客类型分解之后，就能够通过加权的方式预测顾客的年度购买总额。

③ 顾客的年度购买金额和产品构成如何？

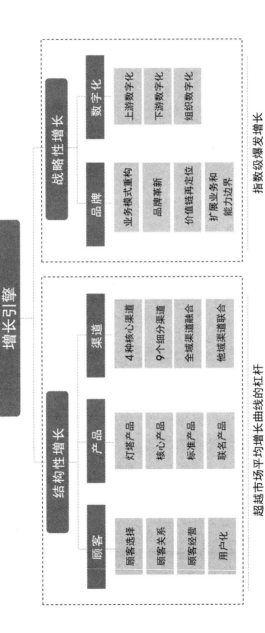

图2-5　PPE企业的增长结构图

④ 为了实现增长目标，至少需要多少名顾客？假设该产品的年平均客单价是147元，意味着要达到44亿元目标需要2993万左右的顾客。[1]

⑤ 这2993万名顾客来自于哪里？直销渠道、电商，还是特殊渠道团购？如何获得这些顾客？

⑥ 顾客会通过什么渠道购买企业产品？

当企业把这6个问题彻底想透后，44亿元的目标该如何从各个端口实现就会非常清晰。

支柱二：产品

对于产品，企业也要想明白6个问题，看产品和哪些渠道以及顾客匹配，该怎么匹配。

① 企业的产品在哪些顾客群体中有市场？

② 消费者是如何认识和分类企业产品的？

③ 企业的产品组合有哪些？

④ 企业产品的深度和广度以及产品组合的三维模型是怎么样的？

⑤ 企业有多少个子品牌？多少个品类？每个品牌有

---

[1]　计算过程：4400000000÷147≈29930000（人）

多少种型号的产品？加起来一共有多少个SKU？

⑥ 企业的产品价格是如何分布的？价格带是怎样的？从最便宜的产品到最高端的产品之间，价格带是如何分布的？企业产品销量的增长主要是靠拉新顾客还是顾客复购？

支柱三：渠道

假设顾客平均客单价为147元，要通过多少种渠道，每种渠道分配多少种产品，每种产品分配多少数量，企业才能实现目标？

所以，企业还要在渠道端再做一遍计算，得到极值。渠道端包括线上渠道、线下渠道、经销商渠道、特殊渠道、直销渠道几大类，每个大类又需要拆分成很多种细分渠道。在这个部分，企业也需要想明白6个核心问题：

① 可以销售企业产品的渠道类型都有哪些？要穷举，把已有的和还没有的渠道都列出来。

② 每个渠道和产品的匹配度如何？有些产品只能在医药连锁店卖；有些产品可以在商超卖；有些产品可以在连锁便利店卖。

③ 每个渠道成功的关键因素是什么？要考虑到有些渠道之所以销售成绩好是因为地理位置好。

④ 每个渠道要考虑"特定"条件是什么？比如订单密度，如果订单密度太低，有些渠道就不会卖企业的产品；有些渠道则需要大范围的促销；有些渠道则需要非常精准的推荐等。

⑤ 每个渠道的销售效率、订单密度要求、动销速度和渠道规模如何？这些都是企业要掌握的硬性数据。

⑥ 理想的渠道应该是什么样的？它的"画像"是什么？企业对渠道的管理政策、关键的动销管理政策如何？

只有把这6个问题想清楚，企业才能得出想要的数据。

当企业把以上三大支柱的18个问题全部回答完毕，再加上用极值思维解题分析后，就能得出企业的增长结构图。无论什么行业，都可以通过解答上文提到的18个问题，再通过解题思维，做到未战先胜。

而且这张增长结构图还有一个作用：可以让企业内部每一级别的经理、员工都知道今天做了什么，是否有助于完成44亿元的增长目标。企业每天、每个星期、每个月、每个季度，都必须清楚地知道是不是走在正确的道路上，资源是不是投在了正确的地方，员工的技能是否匹配，工作流程有没有成为阻碍等。

第3章

结构性增长：顾客

彼得·德鲁克先生说过："企业存在的唯一目的就是创造顾客。"没有顾客，就没有企业。那么，到底什么是顾客？顾客与企业和品牌之间是什么关系？企业该如何看待顾客？

顾客是基于特定需求和特定市场下的一个概念，我们每个人都是顾客。在特定场景下，顾客就意味着购买力和市场。所以企业必须深度理解自己的顾客。

顾客选择：不是所有人都是你的顾客

当企业对所有人都说Yes（是）时，有的顾客会对企业不屑一顾；而当企业敢于对某些人说No（不）时，真正的顾客才会挚爱你。品牌需要了解自身的核心顾客群，不要试图服务所有人，而是要勇敢地选择并放弃一些顾客。

并不是所有顾客都同等重要，企业需要对顾客进行分类，一个企业的价值极大地取决于顾客构成。同样是汽车企业，通用、福特和特斯拉三者的市值差距明显；同样是手机企业，苹果和其他竞争对手之间的差距也很大。为什么？因为顾客结构不同。

顾客分类可以有很多维度。比如可以按体量、地理位置分类，也可以按行业分类。如何对客户进行分类，决定了企业的增长策略。企业的增长策略并非凭空而来，而是基于对顾客的洞察和分析。

以客车行业为例，通常客车企业会把顾客分成大、中、小客户，这种分法可以帮助客车企业获得对顾客一定程度的洞察，但还远远不够。大部分客车企业都是这样分类的，但是从中很难看到新的增长机遇。如果换个角度，按照客户的利润贡献度来分类，你会发现，恰恰是那些小客户贡献了最多的利润。

在客车行业当中，最大的客户是公交企业。公交企业动辄就购买上万辆客车，采购量很大。同时，公交企业很专业，会给客车企业特定的设计图纸、要求按图纸供货，甚至造车用的每一个零部件都会提前规定好。客车交付完毕后，账期还得再等一年半载。对于客车企业来说，这样很难赚到钱。

但是小客户完全不同。工矿企业、政府机关单位和学校等属于小客户，他们购车数量少，很少有特殊要求。这意味着小客户缺乏产品控制能力，需要客车企业提供更多的增值服务。客车企业对小客户的影响力很大，所以客车企业可以选择提供更多的增值服务，获得高收益和高利润。

按照利润贡献度划分顾客，有两点启示。

首先，企业应该根据经济形势选择顾客。经济形势好的时候各个行业中都是增量市场，企业倾向于服务尽可能多的各类客户，市场份额优先。经济形势不好的时候，"现金为王"，能活下来最重要，企业就要不遗余力地选择高价值客户，因为这样的客户需要增值服务，而且转换成本高、回款快，带给企业的毛利高。

其次，要区别提供服务。如无必要不提供免费服务，任何不带来竞争优势或后续业务的免费服务都是没有价值的。比如对于中小型顾客，可以提供其所需的增值服务；对那些不需要服务的顾客，可以通过最便宜的渠道，以最低的价格把产品卖给他们。

此外，在面向B端（企业用户商家）的行业，还可以按照产品使用场景来划分顾客结构。B2B（Business To Business，企业对企业）行业购买的产品多为生产资料，购买动机各不相同。有些顾客是因为企业产品具有的创新标杆意义而购买，有些顾客则是想借企业产品提高运营效率，还有一些顾客对企业产品有可靠性要求。不同的顾客需求不同，企业的产品类型和定价也就不一样。

在消费品市场，企业应该关注新出现的人群类型。目前全球有两大值得特别关注的消费人群。第一类我把它称为"去消费主义"人群（见图3-1）。

这类人群的核心特征是他们对消费主义有着深刻的反思，他们不再认为幸福和快乐的来源是拥有很多物质。恰恰相反，他们认为人之所以不快乐、之所以烦恼、之所以焦虑、之所以将生活过得一团糟，都是因为买得太多，花了太多时间在购物上，拥有了太多物质。

所以，人要获得幸福快乐，找到人生的意义，就要减少物质消费，过一种极简、环保的生活，理智地选择自己的食物，参与环保

极简生活者	他们想少吃点，少买点，反对拥有太多的东西。倾向于多租用而少购买。不主张花费太多的时间和精力在消费上。
"反增长"人士	他们担心消费过度将超过地球的承载能力。到2050年，人口将从67亿增至98亿。可土地和海洋正在受到伤害。人们需要节约减少物质需求。而营销被认为是造成虚假和不可持续需求的罪魁祸首。
气候活动家	碳排放正在污染我们的空气和水源，使我们的星球陷入危机。
理智食物选择者	素食和严格素食主义者反对杀害动物。他们食用蔬菜和水果。
环保人士	他们认为我们应该减少购买、重复使用、修理物品，并将物品送给有需要的人。使商品更耐用，停止有计划的淘汰，减少奢侈品生产。

图3-1 去消费主义人群类型

行动，减少温室气体排放等。总而言之，去消费主义人群倡导的生活方式是循环经济的：更多的租赁，更少的购买，只买必需品，交易或分享二手物品，少吃肉食，比如减少食用牛肉，因为牛会放屁，而牛屁是世界温室气体排放增多的主要原因之一。所以去消费主义人群更愿意吃植物蛋白，倡导环保，反对产品过度包装，反对奢侈品，反对大量的快速替代型购买。

去消费主义人群代表了选择性消费，肩负着社会环保责任。这类人群的数量在快速增加，值得每一家企业注意。去消费主义已经成为顾客购买产品和服务的一个重要的消费动机和核心选择标准。

第二类，我把它叫作"新消费主义"人群（见图3-2）。

这类人往往是年轻人，他们经常接触品牌和媒体，形成了和老一代人不太一样的消费主张。他们对品牌的态度、购买标准和品类的偏好都不同。他们寻求产品的价值感以及带给他们的乐趣，寻求产品背后的价值观和与情感的连接，寻求通过产品和品牌构建起的小圈子以及使他们加入圈层的机会。

对于重要的产品，他们更愿意趋优消费，关注产品配方和成分，并愿意为此多花钱；对于生活中不太重要的产品，他们会选择降级消费，买性价比高的产品。他们一方面精研消费，有计划地购买，与此同时，他们的消费又具有很大的随机性，会被很有趣的东西触动，买一些非计划内的产品。

新消费主义人群现在已经达到了1.5亿，当下任何一个行业都不能忽视这部分人群。他们是1995年到2010年出生的"Z世代"。

 力争上游型		在不确定的社会中更加渴求提升自身竞争力的人群，他们购买学习、健身、美容、健康饮食类产品。
寻求意义型		他们对物质生活带来的幸福感逐渐丧失兴趣，他们寻求从精神、内在、反思中获得自由和快乐。他们倾向在短暂中寻求永恒，在不确定性中寻找确定性。
自我和解型		他们认为生活不是一场竞赛，生活的目的就是生活本身。他们喜欢回归自我，发展自己的兴趣，而不是迎合别人的期待。
理智食物选择型		关注健康、无糖、低卡、素食和严格素食主义者反对杀害动物。他们食用蔬菜和水果。
精研随心型		对重要的产品趋优消费，对不重要的物品降级消费。典型人群：标签控、原厂地控、新鲜度控、颜值控、探索式消费者、触发式购买者等

图3-2 新消费主义人群类

企业需要了解他们的态度、价值观、购买需求和对品牌关系的期待，以构建PDCA模型（见表3-1）。企业可以在这些基础之上，不断丰富产品标签、故事场景，然后完美解读产品该如何与顾客产生联系，品牌该帮助顾客塑造一种什么样的生活方式，带来什么样的超越产品，让产品产生使用价值之外的价值。

顾客关系：深度理解被改变的消费者

在第2章，我们已经谈到经过这些年宏观和微观形势的变化，消费者的心理需求、购物方式以及对品牌的态度，都发生了显著和深刻的变化，这些变化将会影响整个企业的营销策略和布局。

要想更好地维护顾客关系，首先企业要了解顾客需求，本书将其总结为PDCA模型，分别指消费者心理（Psychology）、消费者需求（Demand）、消费者购物方式（Consumer Shopping Style）和消费者对品牌的态度（Attitude）。PDCA模型比较结构化和系统，可以帮助企业构建对顾客的完整认知。

表3-1　PDCA模型——深度理解被改变的消费者

消费者的改变	典型特征	对企业的意义
消费者心理	居安思危：从未来时间导向转化为现在时间导向 力争上游：更加渴求提升自身竞争力 寻求意义：学会与不确定性相处，赋予困难意义	消费者如何理解社会的规则，如何看待他和社会的关系，如何定义什么是成功的人生，将极大影响他们的生活方式
消费者需求	自我发展型消费：学习、健身、美容、健康饮食等 心灵富足型消费：历史、文化、艺术、科学、感情等 自我和解型消费：美食、阅读、瑜伽、冥想等 家庭关爱型消费：亲子、家庭时光、家庭保险等 居家享乐型消费：网络游戏、在线教育、囤货等	消费者这5类强烈的需求不仅给企业创造了新的产业机会，更指明了企业该如何创造新增顾客价值
消费者购物方式	趋优消费和趋低消费并存 便利性消费和体验性消费并存 线上消费比例急速提升导致购买路径缩短 社群化和信任关系导向	企业必须加快数字化能力的建设，必须具备线上和线下能力，必须具备运营顾客关系的能力，必须具备制作和运营内容的能力，必须全力以赴打造品牌
消费者对品牌的态度	期待品牌有态度和积极价值观 期待品牌赋予生活全新的意义 期待品牌成为自己兴趣的培养者 期待品牌成为人际关系的构建者 期待品牌是可以信任的专家和领袖	品牌和消费者的关系在改变，企业打造品牌的方式必须变化

假如你是一个企业负责人，可以拿到很多顾客数据，比如市场调研数据、顾客订单数据、广告投放行为数据、顾客访谈数据、来自经销商的顾客数据、来自观察的数据、来自社交倾听的数据等等，这些数据都可以放在PDCA模型当中，帮助你构建对顾客的完整认知。把数据变成知识，把知识变成洞察，最终变成企业的战略决策。

PDCA中的"P"是Psychology——消费者心理。首先，我们要从心理上理解顾客：顾客心里想的是什么？有着怎样的价值观？同样是"Z世代"的年轻人，心理不一样，价值观不一样，会导致他们在同样的产品上出现完全不同的购买行为。

假设有两位年轻人A和B，他们的月收入都是1万元，都毕业于××大学，都刚刚成家。A愿意花149元买挪威ROMEGA鱼籽油压片糖果，而B可能只愿意花49元买普通糖果。同时，A愿意花10元买一瓶普通洗洁精，B却愿意花将近200元买一瓶Method（美方洁）洗洁精。为什么拥有同样的收入，他们在不同产品品类的选择上会产生这么大的差异？

这是因为我们每个人的生活方式不一样，我们对自己生活当中哪些是最重要的东西，哪些是最不可或缺的东西，哪些是最能代表自我的东西理解不一样。A认为吃健康糖果保持健康很重要，而B认为在家里把盘子和碗洗干净很有乐趣，用一款高效、不伤手、环保的洗洁精更能代表他的生活品质。

所以，我们很难用收入、性别、教育情况、所在城市、家庭规模大小、人生阶段等静态指标细分和理解消费者，从而推断他的消费行为，这种做法已经失效了。我们要用消费者心理、消费者态度、消费者的生活方式划分顾客。消费者的快乐和幸福来自于哪里？消费者的不安和焦躁又是受什么影响？我把它叫作消费者的价值观与态度。

越来越快的社会变化速度也影响了消费者的认知。过去人们认为逛街、看电影、来一场说走就走的旅行天经地义，而今天人们可能会认为生活存在更多的不确定性。过去人们总认为明天会比今天好，未来充满了希望，只要努力拼搏生活就一定会"节节高"。但是，真的是这样吗？今天人们可能会反思：社会的未来会越来越好，但是个体的未来并不一定会比现在更好。唯一确定的事是：未来充满了不确定性。在这样的观念和心理作用下，人们对于消费的选择也会受到影响。

正如第2章中所讲，今天越来越多的人开始居安思危。如今的"95后"已经开始关心发际线后移，关注各种各样的身体健康指标，为什么？因为他们认为"健康是竞争的资本"。很多年轻人都会买保险，事实上，他们比"70后"出生的人更愿意买保险、接受理财。

在未来充满不确定性的时代当中，除了提升自己的健康，还要提升自身的竞争力，甚至提升颜值。居安思危的观念会让人们更愿意去健身、买保险，力争上游，更加努力地学习。

社会的变化还会让消费者重新回归家庭。人们发现朋友的陪伴、家庭的温暖是如此重要，这些才是幸福的来源。所以宅在家里，家庭、朋友聚会等会成为消费者新的诉求。

学会和不确定性相处，赋予困难意义，关爱家庭、力争上游等，已经成了新的消费者心理。

在这种背景下，无论是服装企业、美妆企业、饮料企业、食品企业，还是电子产品企业、金融保险企业、教育培训企业、文创企业……每个企业都要深度理解整个社会环境对消费者内心动机、梦想和价值观的影响，特别是那些触及消费者生活方式的产品。

PDCA中的"D"是Demand——消费者需求。消费者需求反映在他们的购物动机和购买标准上。消费者需要什么产品解决什么问题，产品给消费者创造了什么样的体验，这些在本质上就是消费者需求。

今天，越来越多的消费者需要能够帮助他们自我成长、丰富心灵的产品。人们每天忙忙碌碌，被忽略的内心已逐渐荒芜，所以消费者需要那些能够帮助他们与自我和解的产品，比如美食、图书等，这些产品能让他们过上"慢生活"。除此之外，消费者还需要家庭关爱型产品，这样他们就可以享受亲子时光、家庭时光，他们也变得更愿意购买家庭保险等。自我发展型、富足心灵型、自我和解型、家庭关爱型和居家享乐型消费，这些构成了很多新的产品形态。

举个例子，大家都知道盲盒曾经很火，因为对于消费者来说它具有极大的治愈功能，能给消费者带来惊喜与乐趣。为什么很多咖啡馆在推出IP联名产品后会火？为什么消费者需要拟人化的方式让品牌成为自己的朋友？因为这满足了消费者希望获得的以喝咖啡为代表的一种精致生活需求。为什么很多人都是球鞋控？除了一小部分人买球鞋是为了炒鞋，大部分人买球鞋是因为通过买鞋可以获得一张社交门票。比如在打游戏的过程中谈到鞋，大家就会觉得"你是自己人"，可以迅速拉近与群体成员之间的关系。

所以，消费者需求在很大程度上已经超越了传统中对产品功能的需求，因为任何功能都是很容易被满足和模仿的。但是产品给消费者创造的价值则很难被模仿，它不仅仅只有使用功能，还包含了很多内容。

PDCA中的"C"是Consumer Shopping Style——消费者购物方式。消费者的购买方式也发生了变化。过去消费者购物是货比三家，挑最便宜的。今天，消费者则是一边在某些品类上货比三家，一边在其他品类上挑最贵或者自己最喜欢的，不在乎价格。还有一种情况是消费者本来没想买，但是逛着逛着就想买了。2022年，2600万女性晚上10点之后就会浏览天猫和淘宝，她们不买东西，但为什么会逛天猫和淘宝？因为逛的过程就是在激发兴趣，产生购买灵感。和传统的目的地式、列表式购物相比，这种基于兴趣、圈层、朋友激发的启发式购物行为会越来越多。购物已经从过去的经济行为，越来越多地变成了一种兴趣行为，甚至是一种娱乐行为。

所以，购物的方式在改变，购物的过程在改变。顾客购物的路径，从需求唤起、找到产品、进行比较、下单和评价，整个过程都在发生改变。消费方式的改变、渠道的变迁和产品特质之间是高度相关的。

今天企业的产品若想吸引消费者购买，只有质量好和功能强已经不够了，还得做到高颜值，比如让产品有高级感，同时还要提供包装的话题感、陈列的故事性、使用的圈层感等，创造购物体验已经成了线下和线上零售成功的不二法门。

所以说，当下消费者趋优消费和趋低消费并存；便利性消费和体验性消费并存；线上消费比例急速提升导致购买路径缩短；消费模式倾向社群化和信任关系导向。

最后，PDCA中的"A"是Attitude——消费者对品牌的态度。消费者对品牌的态度也在发生改变。消费者对产品的最终判断会凝结成对品牌的喜好，构建消费者和品牌之间的关系模型。

消费者对一些品牌是崇拜的，比如很多奢侈品品牌和高价值产品。这时候品牌就应该像灯塔一样，成为消费者的启蒙人和值得信任的领袖。

还有一类品牌就像消费者身边的朋友，可以为消费者的生活带来新意义、新乐趣。比如过去消费者只知道做饭，今天消费者知道用下厨房App不但可以让自己成为一个厨房高手，还能获得全社区的尊敬；用某种植物App可以让自己成为全社区、全学校最会种多肉的人。

还有些品牌可以成为与消费者价值观一致的朋友。与善者同行，与强者为伍，品牌会成为消费者生活创新的源泉和兴趣的培养者。

所以，在企业确立品牌调性的过程当中，一定要找到品牌和消费者之间的关系模型。对于消费者来说，品牌是灯塔，还是值得信赖的领袖？是生活乐趣的激发者，还是社群的聚集者？是消费者身边的大神，还是遥远的英雄？是叛逆者，还是布道者？……这些决定了消费者和品牌之间的关系。

今天的消费者更喜欢有个性的品牌。个性就来自于上文讲到的关系。消费者不再那么喜欢闷声发大财，对社会事件不做任何表达，只埋头挣钱的品牌。而是更喜欢品牌像人一样有爱、有恨、有价值观、有态度，它会对有些人说No，对有些人说Yes，它会"恨"一些人，说"你不要买我的产品"，也会"爱"一些人，说"我的产品就是为你服务的"。只有当品牌会说No的时候，说出的Yes才会变得无比有力量。

所以品牌IP化是什么？品牌的价值观是什么？品牌最大的特点或最大的优点是什么？品牌IP化的本质就是品牌拟人化，品牌要像人、像朋友一样。作为一个"人"，品牌的缺点在粉丝眼中也会像优点一样可爱。不要害怕袒露自己，也不要害怕和消费者沟通，因为这正是构成品牌最真实的部分。

所以，PDCA模型是从消费者心理到消费者需求，再到消费者购物方式和消费者对品牌的态度，构成了当今企业理解消费者最全的模型。希望大家在掌握了这个模型之后，可以构建专属于你所在企业的PDCA模型。这个模型应该不断成长、不断深化，企业也会在这个过程中深度理解顾客——这正是竞争优势的来源。表3-2为大家展示了一些遵循PDCA模型，满足顾客心理与价值观需求的代表性品牌。

表3-2 遵循PDCA模型满足顾客心理与价值观需求的代表性品牌

品牌名	顾客心理与价值观需求	品牌主打理念
花西子	文化自豪感	东方女性美
完美日记	突破自我，表达自我	倡导年轻一代不被外界标签束缚，努力突破自我，积极地探索人生更多的可能性，遇见更优秀的自己
江小白	表达自我	品牌主张为"我是江小白，生活很简单"，倡导"做一个有态度的人"
汉口二厂	潮流	打造"不甘平庸的汽水弄潮儿"的品牌形象
小仙炖	科学滋补，专业养生	主打"新鲜、即食"的鲜炖概念
李子柒	传统文化、回归田园	塑造了一种"采菊东篱下，悠然见南山"的山居生活情境。满足了快节奏、高压力下的现代人对田园牧歌式"慢生活"的向往
Ubras（由彼）	健康舒适，不受束缚	以解放女性乳房为切入点，推出"无钢圈、无尺码"内衣
云鲸	追求生活品质	把品牌与高端、追求品质感、优雅女性等消费圈层进行绑定，满足了消费者对于自我的认同与品牌认同

顾客经营：围绕顾客消费路径逐层优化

企业要深度理解顾客，就不能只是静态地理解顾客的动机和生活方式，还要把顾客放到他们的购买决策过程当中，在具体的场景中理解消费者。本节要介绍的营销模型叫作"5A顾客消费路径"（见图3-3），它是企业进行消费者运营和营销优化的基础，是菲利普·科特勒先生在《营销革命4.0：从传统到数字》中首次提出的，字节跳动的"O-5A"模型就是以5A顾客消费路径为核心方法论构建的。

第一个A是Aware（感知）：顾客通过经验、营销资讯与他人推荐等被动的方式接触到品牌，顾客开始认识到自己有这样的需求，也就是顾客的需求被激发了。

第二个A是Appeal（吸引）：当顾客有了需求之后，在如此多的品牌当中，哪一个激发了他的兴趣、引起了他的关注，让他更愿意深入了解？顾客会对所接触到的信息进行整理，从中产生短期记忆或是加强长期记忆，从而使他们只对个别品牌产生兴趣。

第三个A是Ask（询问）：当顾客对品牌和产品产生兴趣之后，顾客以好奇心为动力，会主动从朋友、家人、传媒与品牌自身获取相关信息。比如问朋友、买过的人，在小红书、大众点评等平台查看评论，甚至直接问厂家和销售人员、行业专家，以便深度了解品牌和产品。

第四个A是Act（行动）：这里的"行动"包括了顾客使用试

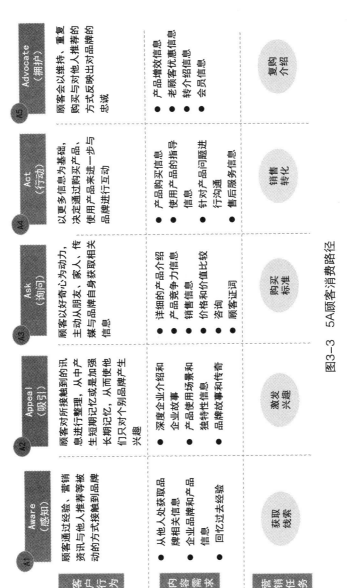

图3-3 5A顾客消费路径

	Aware （感知）	Appeal （吸引）	Ask （询问）	Act （行动）	Advocate （拥护）
	A1	A2	A3	A4	A5
客户行为	顾客通过经验、营销资讯与他人推荐等被动的方式接触到品牌	顾客对所接触到的讯息进行整理，从中产生短期记忆或是加强长期记忆，从而使他们对个别品牌产生兴趣	顾客以好奇心为动力，主动从朋友、家人、传媒与品牌自身获取相关信息	以更多信息为基础，决定通过购买产品，使用产品来进一步与品牌进行互动	顾客会以维持、重复购买与对他人推荐的方式与反映出对品牌的忠诚
内容需求	● 从他人处获取品牌相关信息 ● 企业品牌和产品信息 ● 回忆过去经验	● 深度企业介绍和企业故事 ● 产品使用场景和独特性信息 ● 品牌故事和传奇	● 详细的产品介绍 ● 产品竞争力信息 ● 销售信息 ● 价格和价值比较咨询 ● 顾客证词	● 产品购买信息 ● 使用产品的指导信息 ● 针对产品问题进行沟通 ● 售后服务信息	● 产品增效信息 ● 老顾客优惠信息 ● 转介绍信息 ● 会员信息
营销任务	获取线索	激发兴趣	购买标准	销售转化	复购介绍

来源：《营销革命4.0：从传统到数字》（内容做了优化）

用品、去线下店体验、在网络上和售前客服沟通、对品牌和产品进行评论、产生询价和购买等行为。所以，Act不仅仅是顾客购买产品，还包括一系列与购买相关的举动，这表明顾客与企业和品牌的关系越来越紧密，顾客对品牌和产品的关注度越来越高。即顾客以更多信息为基础，决定通过购买产品、使用产品来进一步与品牌进行互动。

最后一个A是Advocate（拥护）：顾客购买、使用产品之后会进行评价。顾客可能会因为喜欢而主动将产品推荐给其他人，成为品牌的超级粉丝；也可能因为不喜欢再也不关注这个产品。即顾客会以维持、重复购买与对他人推荐的方式反映出对品牌的忠诚。

从感知到吸引、询问、行动，最后到拥护，这5个A构成了消费者的一个完整消费过程。其中A1强调品牌知名度与顾客需求之间的相关性，A2、A3构成了俗称的"种草"，A4、A5构成了"拔草"或复购推荐。至此，5个环节形成了闭环（见图3-4），消费者可以再次回到A1（被推荐的新用户需求被激发）或A5（老顾客复购）。因此，在真实世界中，5A顾客消费路径模型是循环的，而不仅仅是线性的。

"5A顾客消费路径"模型既代表了消费者的购买过程，同时又反映了消费者的购买动机、购买核心任务、完成任务的驱动力和具体场景，这三者的融合是5A顾客消费路径模型优于其他模型的根本性原因。

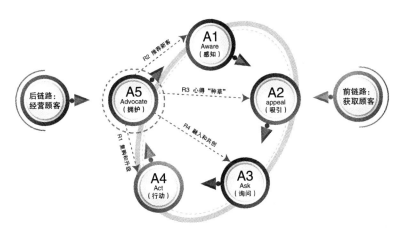

图3-4 5A顾客消费路径的演进：5A+4R闭环

　　为什么这几点加起来很重要？因为企业只有掌握了消费者的购买动机、任务和场景，才能够深入理解消费者，从而优化营销工作和营销链条，将其与5A顾客消费路径的每一个模块都严丝合缝地咬合在一起。营销工作是为了让消费者更便捷、快速、以更有利于企业的方式快速推进5A顾客消费路径，这就是5A顾客消费路径的意义。每个企业都应该勾勒出自己的5A顾客消费路径。

　　基于不同的产品，消费者会在5A路径中往复行动。有的消费者会从A1到A2，又反过来再到A1；有的消费者会直接到A4，越过中间的几个A，或者在A3进行很短暂地停留。也就是说，在不同的品类、不同的场景下，消费者的5A消费路径是不一样的。消费者在每一阶段所考虑的主要决策因素、完成的任务也是不一样的。这可以帮助营销工作找到任务主线，进行溯源，衡量ROI（Return on

Investment，投资回报率），定向、量化地进行优化。

在数智化时代，企业要将新技术融入5A顾客消费路径（见图3-5）。如今有了人工智能、自然语言处理、传感器技术、机器人、虚拟现实和增强现实、物联网和区块链等，使企业能够实现人机融合，全程利用数据进行优化理解，实时改进和反馈顾客的购物过程，从而丰富顾客的购物体验。

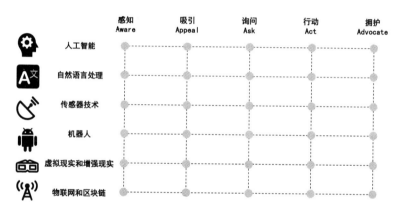

图3-5　营销5.0——新技术赋能下的5A顾客消费路径

来源：《营销革命5.0：以人为本的技术》

正如上文所讲，由于不同行业、不同品牌、不同产品，甚至不同顾客在5A顾客消费路径模型中走的路线都不一样，所以按照不同阶段的转化率，会形成几种不同的形状。菲利普·科特勒先生在《营销革命4.0：从传统到数字》中按照A1到A5的过程，把从上一阶段到下一阶段的转化率用面积进行表现，从而得出市场上存在着

4种常见的形态（见图3-6）。

第一种：门把手形

这种产品在A1阶段的知晓度比较高，A2阶段的吸引力较低，A3阶段顾客的兴趣更低，但是A4阶段顾客的购买行为会突然增多。也就是说，很多人没有对产品进行深度了解就直接购买了。

门把手形的产品是非常典型的"低介入"型产品，顾客对产品拥有过去的期望与偏好，并且忠诚度较低。比如电池、可乐、矿泉水、洗洁精、零食等。这些产品或是消费者很熟悉的品类，或是在消费者生活当中不那么重要的品类。也就是说，消费者购买这种产品的经验很多，即便买错了后果也不严重。

这时，顾客采用的是"便捷路径"决策模型——先用了再评估，再形成态度。所以这类产品应该积极地进行品牌营销，重点在于扩大品牌知名度，通过广泛"种草"激发消费者的兴趣。

门把手形的消费路径很适合快消品这样的轻量级产品，这类产品营销的核心在A1、A2和A4阶段，关键点就是在A1阶段扩大品牌知名度，A2阶段进行"种草"提高顾客的感兴趣程度，A4阶段提供能让顾客随时随地购买到的渠道，并提升产品在终端的覆盖密度。

第二种：金鱼形

金鱼形的消费路径A2阶段面积小，A3阶段面积大，这意味着

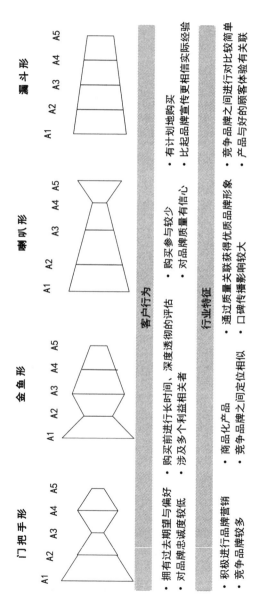

图3-6 5A顾客消费路径模型的4种常见形态

来源：《营销革命4.0：从传统到数字》

很多顾客对产品没有产生很大的兴趣，不会因为看了一个"种草"视频就直接购买，而是会进入详细了解阶段。也就是说，消费者不熟悉这个品类的产品，或者这个购买决策对他来说很重大，如果买错了，后果很严重。这种产品有很多，比如汽车、房子、保险产品、母婴用品、健康食品、药品等。

金鱼形消费路径的典型特征是：对消费者来说，激发兴趣不那么重要，但是详细了解、比较产品的各种特征最重要。这类产品的知晓度很高，吸引力不够。这类产品的典型特征是：顾客会有计划地购买，购买前会进行长时间、深度透彻的评估，并且购买可能涉及多个利益相关者。

假如你需要购买某种工业用品，比如叉车，你会花大量时间研究各种品牌各种款式的叉车，对不同叉车进行理性、综合、深度的评估，最后进行决策，但不会对叉车本身产生过多的感情。

这种产品是典型的重度购买产品，顾客会先进行分析，形成判断，然后形成态度，最后再购买。因为一旦买错，后果会比较严重，所以这类产品的购买决策对顾客来说属于重量级的。

企业要在这个领域当中打造自己的竞争力，就要帮助顾客塑造购买标准。购买标准要偏向企业产品的优势，要给顾客提供很详细的数据，比如投资回报率的分析和真实案例等，从而让顾客对企业产品产生信任。因此，产品说明书、咨询专家等就变得很重要，因为他们对应的是重磅级、专家型购买产品。

第三种：喇叭形

喇叭形的产品很奇怪，很多人都知道，大部分人表示喜欢，推荐的人特别多，甚至没有买的人都会推荐，但最后真正会购买的人却很少。什么产品是这样的？

举个例子，有多少人开劳斯莱斯？但有多少人会推荐劳斯莱斯？喇叭形的产品就像劳斯莱斯，顾客可能从来没用过，但是它的传说一直都在。这就是典型的奢侈品或者高端产品，是那些顾客梦寐以求，但是暂时没有经济能力负担的产品。也就是顾客购买参与较少，但对品牌质量有信心。

对于这种产品，企业的营销策略应该是决定是否开发基础款产品、入门款产品，让产品在A1阶段极高的影响力和口碑变成实实在在的询问和购买。

今天，越来越多的新高净值人群是年轻人，比如IT从业者、金融从业者、成功的创业者。这就需要传统奢侈品品牌推出年轻款、入门款产品触达他们，让他们进入到A3、A4最终到A5阶段，让这一切变成实实在在的生意。

第四种：漏斗形

这种属于顾客已经习惯了的日常购买型产品，比如卫生纸、食用油等计划性、惯常购买的产品，对于消费者来说，这些产品属于刚需，只要产品不出问题，消费者就不会转换品牌。也就是对于这种产品，顾客会有计划地购买，比起品牌宣传更相信自己的实际经验。

把原来单一的模型深度细分，按照顾客购买路径、在A1—A5阶段要完成的任务、情感性决策和理性决策，以及企业的营销链条、顾客转化率等因素交叉之后，就可以将不同品类或行业分成这4类不同的模型。当然，我相信对于不同企业和具体产品来说，建立起来的模型或多或少会有所不同，希望大家能够收集自己的5A顾客消费路径数据，同时匹配营销动作，比如短视频、内容营销、渠道覆盖、线上线下门店、新产品上市公示、售后服务、顾客经营计划……让这些动作完整地在5A顾客消费路径当中展开，使营销链和顾客购买链、顾客的购买动机、使用场景、要完成的任务进行完美配合，这才是高效的、驱动增长的营销策略。

通过5A顾客消费路径模型，我相信读者已经明白，为什么企业要深度理解顾客的所思所想，为什么企业要把顾客放到购买过程和场景当中考虑。因为只有这样，企业才能更好地通过营销工作为顾客创造价值，让他们顺畅地在5A顾客消费路径中流动。

用户化：提升顾客生命周期价值的法宝

当前，营销已经进入了5.0时代，一个"顾客资本主义"的时代。

站在营销增长的角度来看，企业的价值就是所有顾客终身价值的总和。即每个顾客每年购买产品的次数乘以客单价，再乘以顾客的生命周期，减去每年维护顾客的直接营销成本，将得到的数值折现后就是企业的价值。从这个角度出发，真正有价值的企业是那些与顾客交易时间长、客单价高、顾客购买频次高、顾客推荐购买率高的企业。顾客终身价值的增长是企业增值的根本来源。美国调研机构做过一个统计，在保险行业，顾客保留率每提升1%，对企业净利润的影响是17%，这个比例十分可观。

美国互动健身平台Peloton（派乐腾）在2019年9月26日登陆纳斯达克，它同时提供健身设备和应用程序两种产品。获取Peloton线上订阅内容的用户分为两类：一类是拥有Peloton设备的互联健身订阅用户，每月支付39美元即可同时通过BIKE、TREAD健身设备和Peloton Digital（派乐腾数字）进行内容访问；另一类是没有Peloton设备的数字订阅用户，每月支付12.99美元即可直接通过Peloton Digital进行内容访问。两种订阅方式访问的内容基本相同。

Peloton平台拥有世界级教练教授的涵盖各种运动类型的高质量健身课程。33位世界级明星教练会在线上、线下与会员充分互动。他们不仅提供健身指导，还通过自身影响力为Peloton吸引了一批追随用户，进而成为品牌形象大使，驱动了Peloton的成功。

通过把顾客变成订阅用户，Peloton的毛利率一度达到45.8%。以产品试用引流，降低用户决策成本；提供低价位内容产品，降低用户资金成本；以高质量内容和服务留存、转化用户，提升用户试用体验和情感体验；再以订阅制的会员服务提升顾客资产，建立关系"杠杆"。Peloton的用户化营销策略符合科特勒提出的顾客价值模型。

要想留住顾客，实现从顾客到用户的转化，就要持续为顾客创造价值。营销的重要使命就是创造顾客价值。顾客价值由3种价值构成，我们将其称为"价值铁三角"（见图3-7）。任何一个产品或服务都由这3种价值构成，差异在于不同产品或服务的这3种价值构成比例不同。

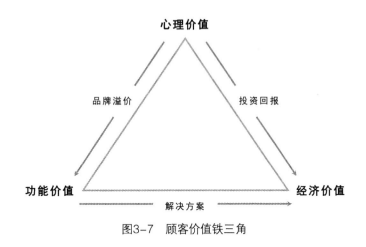

图3-7 顾客价值铁三角

一、功能价值

假如我掏钱买了一瓶2元的水，它具有解渴的功能价值。我买了一台挖掘机，它能帮助我施工。我买了一部汽车，作为交通工具它有帮助我出行的功能价值。功能价值是产品带给消费者的首要价值和基础价值。

二、心理价值

假如我买了一瓶水，这瓶水不仅能解渴，我喝了之后还觉得很健康，因为我喝的是含有大量微量元素的矿泉水，或者是来自于阿尔卑斯山的雪水，或者是来自于北极冰川的水。那么这瓶水就给我带来了心理价值和自我认知，甚至这瓶水还可以成为身份的象征。

三、经济价值

假如我用60万元买了一台挖掘机，它每挖一斗土都能带来5元的收益，并且油耗很低。二手处理时，它的残值仍旧很高，我的60万元投资很快就能回本——这就叫经济价值。

产品要创造卓越的顾客价值，就要在这3个价值当中创造，并进行有效的配比，形成独特的价值配方。凡是只有功能价值而不创造心理价值和经济价值的产品，往往都要面临惨烈的同质化竞争，最终只能拼价格。因为功能是比较容易被满足的，特别是在供应链上游制造能力如此强大的中国市场。在功能价值上，企业很难获得独特的差异化竞争优势，所以企业要创造卓越的顾客价值，往往要着眼于心理价值和经济价值的创造。

在消费品行业，价值配方中的心理价值要占比更多，成为重点。心理价值也就是价值观价值、情感价值、成长价值、关系价值等。

对于B2C（Business to Consumer，商对客电子商务模式）消费品来说，心理价值怎么创造？创始人的梦想、品牌的缘起，品牌的故事、顾客的美好体验、有趣有价值的内容、新的使用场景、对消费者生活新意的启发、培养消费者新的爱好、带给消费者与众不同的看待生活的方式、让消费者成为他喜爱的社区的成员……这些都是心理价值。看看那些成功的经典品牌，再看看今天快速升起的超新星品牌，它们都是创造心理价值的高手。同时，它们的心理价值和产品功能价值是互相呼应、互相验证的，它们用功能价值完成了心理价值提供的梦想。对于B2C产品来说，心理价值就是梦想。像梦想一般"虚"的心理价值带动了功能价值和其他"实"的价值，最终才能做到顾客价值最大化。

比如酒饮品牌醉鹅娘，消费者支付一笔不高的会员费后，即可进入会员群，每天享受各种福利，比如秒杀和优惠券等。根据消费额度不同，醉鹅娘的会员分为多个等级，会员等级会随着消费额度的增加不断提升，高等级会员可以享受更为专属的福利和服务，还可以担任新品体验官，享受品牌赠送的生日和节日礼物，有权参加品牌线下活动等，获取除了经济价值以外的心理价值。

如果是B2B企业，产品除了功能价值还有什么可以提供给顾客的？主要是经济价值。即顾客可以获得更高的投资回报率，降低风险和使用成本，让自己的产品更有竞争力，实现更高的绩效等。对于B2B产品来说，功能价值是基础，经济价值是核心；功能价值是手段，经济价值是结果。对于B2B企业来说，顾客不会因为产品便宜而购买，而会因为产品可以为企业带来更高的投资回报率购买。B2B企业的顾客寻求的永远不是便宜的产品，而是更高性价比、更高投资回报率的产品。

这就是顾客眼中的价值铁三角，明白了这一点，企业为顾客创造价值的空间和路径就无限广阔了。从此以后，再也不要说"这个领域已经没有创新空间了，没有办法创造更多卓越的差异化顾客价值"了。在这3个价值中，企业都可以创造和升级顾客价值。

顾客购买的产品和服务就像洋葱，洋葱有大有小，越大的洋葱价值越大，越小的洋葱价值越小。为什么会有大洋葱和小洋葱？因为只能提供功能价值的洋葱相当于只有洋葱的芯，而在外面包一层心理价值，再包一层经济价值，洋葱就会变大。企业要用这样的"洋葱思维"为顾客不断生产"大洋葱"。

每个企业的最终归宿都是成为顾客价值型企业。要把产品做成服务，把一次性购买变成订阅式购买，努力经营顾客的长期价值。

关于顾客的6个观点

前面我们谈到了PDCA模型、5A顾客消费路径以及顾客价值铁三角，接下来我想谈几个关于顾客的观点，希望能够对读者有启发。

第一个观点：企业的价值就是当下所有顾客终身价值的净现值。

我们该如何评价一个企业的价值？

很多投资行业的人都会给企业估值，估值方法有很多，比如 DCF法（贴现现金流量法）、PE法（市盈率分析法）、PS法（市销率分析法）……

但是从营销角度看，企业的价值就是当下所有顾客终身价值的净现值。

举个例子，某企业有11万名顾客。按照测算，其中1万名顾客在未来20年每年都会跟企业做10次生意，每次生意带来的收入是100元。那么，将所有收入减去维护这些客户的营销成本之后得到的净现值，就是该企业今天的价值。

如果我们认可这种算法，那么企业经营的根本就是经营顾客，因为只有顾客才是企业真正的资产。所以企业要经营优质顾客，经营顾客的优质组合，提升顾客的终身价值。唯有如此，企业价值才能得到提升。

顾客因为购买和使用企业产品获益，愿意长期关注企业，常年和企业做生意，不但自己购买更多的产品，还推荐其他顾客购买，这是顾客对企业最简单，也是最大的拥护。

企业经营者一定要深度思考，企业的顾客到底是哪些人？顾客和企业的关系怎么样？顾客的终身价值有多少？企业可以留住顾客吗？可以让顾客更爱企业，更多地推荐企业吗？还是顾客有更好的选择，只要竞争对手提供优惠券，顾客就会重新做出选择？

先进的营销思维正在从每笔交易最大化当期利润，转向让顾客对有价值的长期关系产生留恋。所以，企业一定要经营顾客，提升顾客终身价值。

第二个观点：按照顾客平均需求制定营销策略会失败。

在做市场调研、新产品开发计划和市场细分时，经常可以听到："这个产品要卖给'一线'都市白领，那个产品要卖给小镇青年……"这时，千万要注意：若企业的产品和营销策略按照这样的维度制定，那么企业就要倒霉了，甚至会失败。

为什么？因为从来不存在一个平均的、抽象的都市白领和小镇青年画像，这些都只是传播概念。真正的营销决策需要决定产品、定价、渠道、战略等等，而且要按照具体的顾客需求制定，而不是顾客的平均需求。

企业不要被以传播为导向的顾客细分标签误导，要挖掘出真正有价值的顾客，并深化对他们的认知。也就是说，企业不应该开发四平八稳的产品，而是要开发针对目标顾客的极致产品。

在这种产品的开发当中，特别是互联网产品、服务类产品，更要关注长板思维，找出最长的一个"板"深度差异化，最终实现交付产品的独特性。

第三个观点：只满足顾客的功能性需求已经远远不够，还要满足他们的情感价值和心理需求。

今天，企业除了要满足顾客的功能性需求，还要满足他们的情感价值和心理需求，使他们感到高兴、幸福、兴奋、有归属感、有意义感、有掌控感等等，这些才是消费者不愿离企业而去的真正原因。

消费者买的从来都不仅仅是产品的功能，或者产品对某个问题的解决，而是那些美好的感受和永远离不开你的感觉。

我曾经访谈过某汽车品牌的用户，他的故事让我深受震动。他说："我之所以不但自己买这个品牌的车，还推荐朋友买，是因为如果这个品牌的车不存在了，我们会非常扫兴、失望，甚至伤心……不仅仅是因为这个品牌的车驾驶起来比较方便、电动汽车能够自动更新，更重要的是通过这辆车，我们感受到了品牌想要传达的'以用户为中心'的理念，这种用户友好、鼓励用户参与的理念，使品牌聚集了一批志同道合的人。我们可以聚在一起搞共创、演唱会，一起远足和旅行，这种体验非常愉快……如果不再驾驶这个品牌的车，就意味着我要和这些人分离，我会非常失落。为了能和他们在一起，我才买了这个品牌的车。"

这是一种非常极致的感情。让顾客感到高兴、感受美好、有归属感、有意义感才是企业的价值。这是企业无形的竞争门槛，也是竞争力。企业可以学某款产品的造型，可以用和它一模一样的供应商打造一模一样的产品，但是学不到它构建的超出产品功能的价值观，以及它形成的与顾客之间强大的链接。

第四个观点：要将顾客分为左侧顾客与右侧顾客。

企业不应该对所有顾客都平等对待。比如企业可以按照顾客的规模大小、购买产品的多少进行分级，给大客户配备专门的大客户团队。那么小客户呢？通过互联网销售吗？错了，在经济形势好的时候可以；但在经济形势差的时候，或者说当市场从增量市场变成存量市场的时候，企业需要按照顾客对企业利润的贡献度、顾客终身价值、顾客对企业竞争力的贡献等多个角度重新对顾客分类，将顾客分为左侧客户和右侧顾客。

左侧顾客（负债型顾客）：有些顾客看似购买了很多产品，但是经常拖欠货款，而且他们带给企业的利润很低，经常让企业提供很多额外服务，导致企业成本增加，相当于企业变相给他们融资，这些顾客属于企业的负债型顾客。这类顾客的购买规模再大，也不一定是好的顾客。不过在经济形势好的时候，企业是需要这些顾客的，因为他们能解决掉企业的产能，甚至一些大顾客还能帮助企业提升行业内的知名度。但是在存量市场下，应该注意他们是否会影响企业的现金流。

右侧顾客（权益型顾客）：这些顾客会给企业贡献现金收入和利润，企业与这部分顾客交易会提升盈利。尽管有些顾客的订单可能不大，但是他们仍然属于权益型顾客。为什么？因为他们规模小，所以谈判力不足，并且他们还需要企业的专业服务，所以企业能从他们身上赚到钱。

左侧顾客和右侧顾客组合的比例会随着市场经济情况的变化而变化。

第五个观点：建立与顾客的全域连接。

针对左侧顾客和右侧顾客，企业采取的策略、提供的产品和盈利目标都有差异。所以企业经营者要构建这样的思路：从关注"一锤子"买卖到关注顾客终身价值，建立与顾客的全域连接。图3-8为顾客关系"飞轮"。此图强调的是，企业要实现与顾客之间的全域连接，包括线上、线下和私域等。

首先，企业可以通过线上电商平台、线下终端零售点等渠道接触顾客，与顾客建立连接，并通过小程序或二维码等方式将顾客引流到企业私域社群；构建社群之后，企业可以开展社群活动、聚拢线上线下成员等，对顾客进行持续经营、重复触达和深层影响。在此过程中，企业应不断沉淀内容资产和顾客资产数据，实现高效的"再营销"；同时，企业要吸引顾客进行产品推荐和分享，让更多的顾客与企业建立新的连接。全域连接的本质就是与顾客建立深层次、立体的连接。

全域连接的核心是，企业不光要顺畅地连接顾客，让顾客获得完美的购物体验，同时还要想办法持续为顾客创造价值。

经营私域不是简单地储存顾客联系方式，所谓的"全域连接"

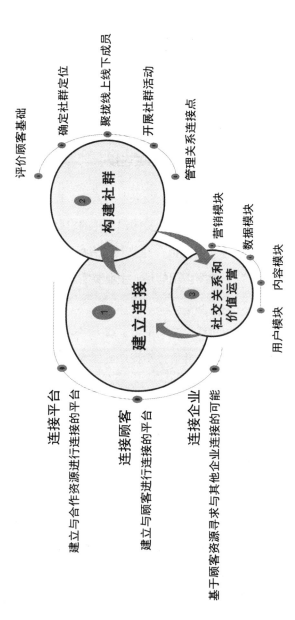

图3-8 顾客关系 "飞轮"

和"顾客经营"，必须做到连接本身就是为顾客持续创造价值。这种价值可以来自于：

第一，品牌和厂家通过连接给顾客提供了产品使用诀窍等价值，可以让顾客更好地使用产品。

第二，可以提供促销优惠券或一些专属产品的试用机会。

第三，给顾客提供一些额外的增值服务，比如会员积分、会员权益价值等。

第四，连接之后，顾客和顾客之间也能互相提供解决方案，创造价值，形成社区。

第六个观点：从工业资本主义向顾客资本主义转型。

工业资本主义的核心是什么？如果股东通过提供资金、土地和重要的生产资料，并通过股权获得盈利，现在我们都已经认可顾客是企业最重要的资产，顾客是给企业带来现金收入和利润，从而帮助企业实现增长的人，那么，为什么顾客不能参与企业的经营利润分红？为什么顾客不能分享企业的经营成果？

所以，顾客资本主义的本质就是把顾客作为企业的重要资源方，让他们除了购买产品，享受产品的功能价值、心理价值、经济价值，还能参与企业经营成果的分享。也就是说，把KOC（Key Opinion Consumer，关键意见消费者/超级顾客）变成企业的股东。

其实很多企业已经在这么做了。比如某汽车企业专门拿出5000万元的股权，打造了一个"忠诚顾客"股权池。顾客虽然没有投票权，但是只要符合企业提出的7个标准，就可以参与分红。银行、航空企业也早就开始使用积分鼓励优质顾客，让顾客可以参与分红。母婴用品企业如Babycare（白贝壳），早就开始培训属于它的忠诚顾客、专家型顾客，使他们既是顾客又是KOC，同时还是服务人员，以此来创造价值。

企业要打破传统的经营边界概念，单纯认为"这是我的工厂，这是我的销售人员，这是我的产品，顾客只是买产品的"，这种观念已经不合时宜了。

今天，伟大的企业几乎都是社会型企业，他们把顾客纳入到了企业经营的整个范围。顾客会给企业出主意，帮助企业传播口碑、改进产品、进行分销，甚至顾客还会投资、集资，帮助企业进一步增长。比如小米的关系策略使它拥有了庞大的"米粉"群体（见图3-9）。

所以，今天的顾客、用户、投资者、推广者、渠道已经融为一体。比如很多顾客本身就是渠道商，所以顾客资本主义是值得大家跳出传统思维，开拓新思路，更新企业商业模式的一个非常关键和有趣的点。从工业资本主义到顾客资本主义，会给企业带来很多创新价值空间和想象力空间。

一定要记住，任何成功的顾客关系经营都不是轻而易举的，并不是简单的拉个微信群，举办一些顾客活动和嘉年华，做一些促销就可以了。顾客关系经营是目标导向和长期规划的多阶段、多节点的系统活动。

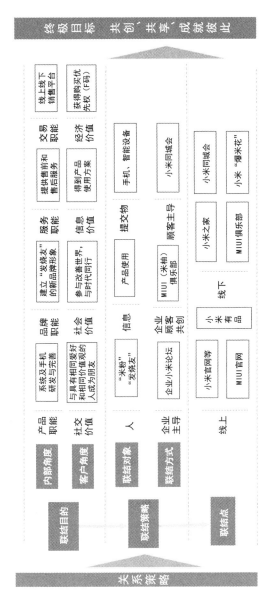

图3-9　小米关系策略案例

实战案例：创想三维如何实现细分品类破圈

细分品牌或小众品类向大众市场破圈，是营销增长中一个永恒的重要课题。

多少超新星品牌倒在了从小众向大众破圈的征途中。业内专家总结的三板斧"小红书KOL（Key Opinion Leader，关键意见领袖）笔记+知乎大号问答+顶流直播带货变现"，确实有利于超新星品牌从零到一的破冰。但是，在积累了第一批顾客之后，品牌如何实现从一到百的突破，这将决定品牌未来的生死存亡。

有的品牌选择大打广告，却发现很少有人买单；有的品牌选择补上研发课，却由于短期内糟糕的市场表现面临"失血"风险；有的品牌借助风口"起飞"，苦苦寻找下一个风口以实现持续的机会型增长，却在风停之际猝然跌落……

与面对大众市场的细分品牌相比，处于小众品类的品牌面临的挑战更大。由于小众品类的消费者规模本身就比较小，破圈不仅考验品牌的传播能力，更挑战企业的产品研发能力和渠道布局能力，甚至还会影响企业的组织架构。

如何突破增长的透明天花板？如何解决小众品类用户破圈的问题？如何借助破圈实现稳定的业务增长？

我们来看小众品类（消费级3D打印）企业"创想三维"的增长案例。

7年增长600倍，行业领头羊提出新问题

传统制造是通过开模、切割、铸造或锻造，再进行部件组装完成的。而3D打印是指以数字模型为基础，将材料逐层堆积制造出实体物品的新兴制造技术。

大家看它的定义可以发现几个关键词：数字模型、材料、制造、实体物品。这四个关键词基本概括了3D打印的产业链，上游是原材料、核心硬件和辅助运行软件等，中游是打印设备和技术，下游则是具体应用领域，比如航空航天、汽车、医疗、教育、文化创意等。

3D打印设备按机体尺寸可以分为工业级和桌面级；按用途可以分为工业用途、军用和民用等。2017年的行业数据显示，在全球3D打印应用市场中，3D打印的工业用途占55%的份额，军用占16%，民用占29%。

但是，2019年年末的新冠肺炎疫情导致人们宅在家中的场景增多，部分日常必备品面临缺少供给的问题，尤其是防护设备。民用3D打印机由于价格相对较低、使用方便，就此迎来"风口"。根据B2C跨境电商平台全球速卖通的数据显示，2020年年底，该平台上3D打印机的销售额和2019年相比已经翻番。

创想三维是一家定位消费市场的桌面级3D打印机制造商，2014年由唐京科、陈春、敖丹军、刘辉林4人共同创立。4位联合创始人分别负责研发、供应链、营销、运营，他们在各自的领域都有

多年从业经验。

创想三维的第一款产品于2015年开始在海外市场销售，2016年，创想三维从代工转向打造自有品牌，2019年，全球出货量为50万台，服务国家超过100个。

2020年2月8日，新冠肺炎疫情肆虐之际，创想三维向全球共享了其开发的3D打印口罩和护目镜的模型开源文件，引来海量用户下载。数字模型是3D打印的基础，模型开源降低了顾客使用3D打印机的门槛，带动了3D打印机设备的销售。

创想三维的多数桌面级硬件产品价格在3000～5000元，比国外品牌性价比更高，很快就成为顾客入门的首选。截至2021年年底，创想三维在全球已拥有超过160万顾客，年出货量超过100万台，市场已经拓展到全球192个国家和地区，其中90%以上的收入来自于海外市场。

到2021年，创想三维在短短7年时间中，累计增长600倍，成为该行业的头部企业之一。就在企业飞速增长之际，创想三维的创始团队居安思危，前瞻性地提出了一个问题：如何实现持续的、可预测、可管理的增长？

锚定问题：从机会增长到刚性增长的路径图

在选择科特勒之前，创想三维曾接触过多家国际咨询机构。因此，在第一次沟通时，创想三维团队非常谨慎。他们对科特勒项目团队的每个成员都进行了"面试"，最后才敲定了本次合作。

科特勒对于跨境企业的吸引力在于同时拥有中国和美国两大团队：中国团队更为本土化，更容易理解和洞察国内企业客户的需求，沟通更顺畅；美国团队则更熟悉欧美市场和当地消费者。

借助科特勒美国企业提供的调研数据，项目团队发现：虽然创想三维的产品名为"消费级3D打印"，事实上，桌面级3D打印尚未真正进入消费市场。也就是说，目前3D打印以"专业人士、极客、创客、玩家"为主的顾客群体，并不能充分代表大众消费群体的需求和消费特征。毕竟并不是所有人都有设计、创新和探索的需求，也不是所有人都有数字建模的能力。

因此，3D打印的现有行业规模和增速也许并不能代表未来。能否通过一个时期的大幅增长就此确认市场需求是可扩张、可持续的？这个问题正是科特勒项目团队要回答的。

另外还有一个关键问题：创想三维应该如何借助产业风口磨炼自身的"飞翔"能力，实现从机会型增长到战略型增长的突破？

一方面，3D打印的消费市场还处于生命周期的早期阶段，主力顾客群体仍集中在极客、创客、设计及专业人士，这些群体的数量"天花板"并不高。市场需求在经过了短期爆发式的增长后，正在进入平缓增长阶段。另一方面，经过7年的发展，作为创想三维主要分销渠道之一的"跨境电商"，其增长红利期已基本结束。

"能够谈的跨境渠道和经销商都谈了，再谈下去，无非是用同样的渠道覆盖同样的用户，增长会变成'内卷'"，科特勒项目团队的专家表示，"如果不进行大众化破圈，创想三维可能面临增长乏力的危险"。

科特勒将项目分为两大阶段：问题诊断阶段和解决方案阶段。

在问题诊断阶段，科特勒项目团队密集访谈调研了近百人，其中包括创想三维内部员工、外部行业专家、3D打印从业者和重度用户，最终挖掘出10余个影响创想三维增长的关键问题，包括顾客、品牌、渠道和组织架构等方面的问题。同时，科特勒项目团队与创想三维企业高管团队通过不断沟通，达成共识。

作为将新科技、新技术、新产品推向早期市场的创新型智能制造企业，创想三维能否获得长期稳定增长的关键点是：如何从早期"种子"用户破圈至大众用户，从而逐步打开大众市场。决定创想三维能否进入大众消费市场的关键，是解决以下3个问题。

1. 从现有顾客群体向哪些相关群体渗透？

从小众向大众破圈，最简单的办法就是在大众媒体重复投放广告，以声量优势"广撒网"来达到多捞鱼的目的。但是如同"世界百货业之父"约翰·沃纳梅克（John Wanamaker）所说："你起码会浪费掉一半的广告预算，因为看到广告的人可能对你的产品根本没有需求。"

因此，对于小众品类来说，一般应该通过搜索广告、程序化广告等更为精准的方式进行投放，但是这同样带来一个问题，将广告对拥有高契合度标签的用户反复多次投放之后，他们就已经"被洗得差不多了"，同样会遇到透明天花板。那么，如何找到可能有需求的相关群体？

2. 如何提高大众用户的拥有和使用意愿？

相对于需求明确的极客、创客和专业设计群体，3D打印机能否为大众用户提供更高的用户价值？在确定了要渗透的相关群体之后，创想三维还需要回答大众用户一个问题：我为什么需要创想三维的3D打印机？这就需要品牌对用户需求有精准的洞察和感知。

3. 如何降低大众用户的拥有和使用成本？

在能够激发大众用户的拥有和使用意愿前提下，创想三维还要解决一个问题：用户具备拥有和使用3D打印机的能力吗？能否降低产品价格？能否降低用户使用产品的专业能力门槛？能否降低用户的认知和学习成本？……

基于此，科特勒项目团队将之前总结的10余个问题进行聚焦，挖掘问题背后的原因，合并同类项，同时考量问题的紧急性、重要性以及可解决性，由此确定了三大核心任务，分别为突破用户圈层、营销模式创新、重塑品牌体系。

至此，问题诊断阶段正式结束。在第一阶段报告会散会后，创想三维的一位高管表示："你们对问题的总结和判断非常准确。"接下来，解决方案将围绕这三大核心任务展开增长路径的设计。

丰富用户使用场景：从场景扩展到用户破圈

从小众群体向大众群体破圈的第一步：为产品开发更为丰富的用户使用场景。

"我们当时做调研，最开始的方向是先挖掘用户使用3D打印机的'杀手'级应用场景。比如亲子教育场景，父母给孩子打印手办或者玩具等。找出使用场景之后，再看这个场景代表的潜在市场有多大。"科特勒项目团队的成员王先生介绍说，"我们实际测算过，比如美国市场有多少适龄儿童，想通过估算市场渗透率计算潜在的市场规模，但是这个数据很难准确。因为3D打印市场还不成熟，很多美国数据机构也无法提供准确的预估数据。"

因此，项目团队及时调整了思路，将核心回归到顾客本身。如何从现有顾客群体做突破，使其影响到真正的大众消费群体。

创想三维当时的顾客主体是精英群体代表，比如极客、创客、玩家、专业设计人士等。围绕这一切入点进行延伸，科特勒项目团队提出了一系列潜在的大众客群方向，将消费级3D打印产品划分为三大需求、六大场景和九大细分用户群体。

从"玩机"需求看，科技体验是这一需求的核心场景，对应两类细分人群：追求极致体验的极客和体验新鲜科技的玩家。

从"打印成果"需求看，有具象化场景、生活方式场景、设计生产这三大场景，分别对应热爱虚拟世界的爱好者、追求个性生活的知识分子、满足多样化需求的中小微企业。

从"教育"需求看，机构教育场景对应注重素质教育的中小学、致力科技探索的高校、培养专业技能的技术学校，亲子教育场景则对应关注孩子思维培养的家长。

由于目前3D打印在消费级领域仍处于市场初期，没有明确的行业先例对用户群体进行价值评估。因此，科特勒项目团队以通用的市场评估衡量标准建立了"场景吸引力评估机制"。

如图3-10所示，可以从场景价值、消费端用户价值、商业端用户价值维度对细分人群价值进行评估，同时结合科特勒项目团队基于消费级3D打印产品在同类产品和替换产品纬度下建立的竞争力评估标准，从同类产品竞争优势、替换产品竞争优势维度，对创想三维的产品竞争力进行了评估。

图3-10 场景吸引力评估机制

经过模型评估，最终科特勒项目团队和创想三维共同确定了其"成长底线"业务，以及关注包括"具象化爱好者"在内的三大"增长线"业务，并不断有针对性地扩展业务边界。

举例：具象化爱好者。

"具象化"就是把抽象的事物表现出来，形成具体的形象，与之对应的是"抽象化"。具象化爱好者乐于将虚拟和抽象的形象转化为实体，比如动漫手办，如图3-11所示。

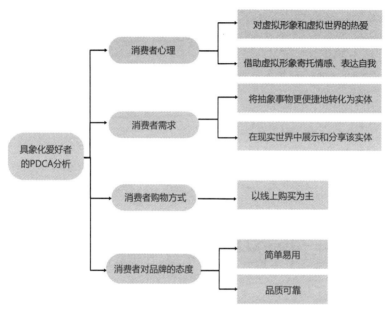

图3-11　具象化爱好者的PDCA分析

这一细分市场的客群画像明确，与创想三维目前主要用户——极客和玩家用户重合度高，有较大可能产生有效连接，而且这个细分市场的人群愿意为自己热衷的IP、人物形象、场景等付费，部分玩家还希望在此基础上实现个性化创作。2022年，"元宇宙"概念受到市场追捧，虚拟形象再次得到大众关注。而3D打印机正是连接现实生活与元宇宙的关键转换点之一。这一市场是大众消费市场的重要切入点，将长期影响主流消费人群对于3D打印的认知度。

在这一细分市场，创想三维可以面向热爱虚拟世界的青少年，通过DTC（Direct To Customer，直达消费者）和线上零售经销的方式进行销售。以"Simple and Easy"（简单易用）的价值承诺为目标，首先聚焦于满足消费者最核心的关切点。

面对这一细分市场，创想三维还需要进一步关注用户的社交和情感价值，为用户提供差异化的产品体验。

比如通过丰富和优质的模型和IP资源，帮助用户更简便地将虚拟世界中的精神寄托转移到现实生活中，满足自我表达的需求。通过多样化的玩法、内容、功能，使用户通过3D打印获得社会对自己爱好的认同，创造社交货币，满足获得社会认同的需求。

降低用户认知成本：品牌战略的升级和演进

2021年，创想三维共有"Creality""Ender""Halot""Sermoon"四大品牌线，四大品牌线之间如何形成有效协同，并且强化顾客对创想三维"品牌屋"的整体认知是关键议题。

科特勒项目团队认为，消费级3D打印市场尚未被充分定义，应用场景和消费者需求尚未分化，因此创想三维应该立足于当前市场份额第一的品牌势能，重点打造旗舰品牌，使用户一看到3D打印就会想到创想三维品牌，形成"品牌即品类"的影响力。

因此，科特勒项目团队提出：优化品牌架构，聚焦品牌资产，丰富主力品牌，向用户和经销商等利益相关者清晰传递"我是谁""我为什么好""我的好和你有什么关系"等内容，以此推动经销商和顾客的主动选择。

对于任何行业来说，在发展早期要想快速抢占市场，都要借助经销商的力量，以达到迅速铺渠道的目的。跨境企业尤其如此。面对差异化程度高、数量大的陌生海外市场，跨境企业常常过于依赖当地的经销商渠道进行市场扩张，但过于依赖经销商渠道也有一定的弊端。

首先，品牌厂商无法直接触达顾客，缺乏对顾客需求的真实洞察，进而影响到对潜在顾客群体的触达和引导，难以挖掘破圈增长点。科特勒的王渤超总结说："很多跨境企业自身不直接搭建海外电商平台，而是通过一些大卖家来做跨境电商。从这个角度来讲，它与终端顾客之间隔了一层，拿不到这些消费者的数据，对消费者的需求没有感觉。"

其次，高密度覆盖的渠道策略容易加剧经销商之间的竞争，对品牌产生不利影响。中国大多数跨境企业在海外市场主要依靠渠道代理商加盟，企业则提供售前咨询、使用介绍、售后服务等支持工作。缺乏以消费者为目标导向的渠道开发，导致头部渠道的同质化高、结构单一，潜在加剧了未来大经销商之间的竞争。

并且，由于无法直接触达消费者，品牌厂商对很多事情缺乏掌控力，比如渠道为顾客提供的服务质量、渠道对品牌厂商市场推广活动的配合力度和执行情况等，长期来看不利于顾客群体对品牌形象的感知。

科特勒的李阜东说："创想三维收入来源的90%在海外市场，其中不少都是通过跨境电商销售的，如果不直接面对顾客，会导致品牌无法得知确切的用户画像和使用行为。同时，也无法提升对经销商的赋能和管理能力，比如无法得知具体的动销情况和库存情况，无法准确进行销售预测"。

要破圈，就必须解决这些问题

因此，创想三维按照科特勒项目团队的建议大力发展DTC模式，作为对跨境经销模式的有力补充。以品牌自建站作为顾客和品牌的触点，并承接流量资源，分发线索给经销商，充分发挥DTC的多任务功能，完成产品销售、渠道赋能、品牌教育和用户运营。

通过搜索、硬广告、内容营销等多类型流量向品牌自建站导流，充分发挥品牌自建站的品牌展示推广、销售引导作用。同时，通过创想云服务构建强关联运营，辅以社交媒体和用户论坛构建弱关联运营，最终达到对于私域用户的内容运营、服务运营和品牌运营。

由于创想三维的主要市场位于海外，作为跨境企业，创想三维如何为海外用户提供服务，将直接影响用户的使用体验。因此，创想三维需要分阶段推出设备保修和换新服务，通过清晰定义免费服务和收费服务的边界，创造消费需求，提升售后品质，并通过机器的装机量和付费服务的收益，充分调动经销商的售后能力和意愿。

从耗材与配件角度来讲，创想三维应该增加耗材定期配送服务和换新服务，通过与用户持续的交易，加强与用户的连接。

从软件角度来讲，3D打印机本质上是工具，内容的实用性和可玩性是推动产品需求和用户黏性的重要因素。因此，创想三维可以通过软件的进阶功能（比如模型优化工具、模型个性化工具等）形成"创想云"服务，通过IP模型库的构建，为核心用户提供更多正版优质IP模型，同时吸引潜在爱好者接受3D打印。在以上软件服务的基础上，构建"创想云"会员服务体系，更好地服务付费用户，并通过有效地引流转化免费用户。

创想三维的"拥抱科技、专业务实、生态共赢、行业布道、顾客优先"等理念和文化，都是进入国际市场成为新全球品牌的必备条件。

创想三维团队对以上策略的高效执行为他们带来了丰厚的回报：在全球疫情蔓延的情况下，2022年，创想三维的营业收入增长超出预期，远高于行业平均水平。

延展一下，作为市场战略咨询的从业者，我始终认为市场战略咨询从来不是"一锤子"买卖，它立足于实现企业的长远目标，帮助企业梳理短中长期增长路径。这些需要咨询顾问以"伴随式成长"的方式一路跟随，与客户实现合作共赢。在咨询的世界里，客户的成功才是咨询者的成功。

第4章

结构性增长：产品

结构性增长三大来源的第二个来源是产品。说起产品，每个人都很熟悉，但也很陌生。全球每年新上市的产品数量过亿。在中国的电商平台上，每年上市的新品超过5000万。这么多产品可以简单分成两类。

第一类是解决顾客问题的产品。顾客有了问题，需要产品来解决。比如感冒了要吃药；施工要买挖掘机；渴了要喝水……这些产品叫问题解决型产品。

第二类产品不解决问题，但是它可以创造独特的体验。比如音乐专辑、电影等，售卖的主要是独特的体验。

当然，解决问题和创造独特体验二者之间是有交叉的，那些优质的产品能够同时创造美好的体验和解决问题。如果企业的产品既不能解决顾客问题，又不能创造独特的体验，那么产品的前景就很令人担忧。

产品种类：基础产品、核心产品、增值产品和灯塔产品

企业产品可分为4类：基础产品、核心产品、增值产品和灯塔

产品（见图4-1）。

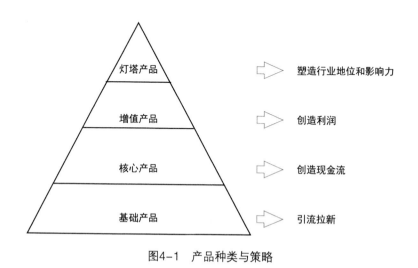

灯塔产品 ⇨ 塑造行业地位和影响力

增值产品 ⇨ 创造利润

核心产品 ⇨ 创造现金流

基础产品 ⇨ 引流拉新

图4-1 产品种类与策略

　　随着市场下沉以及新一代消费者的诞生，顾客往往是通过基础产品和企业产生关系。基础产品通过降低门槛的方式，使新的消费者能够和企业形成交易关系。基础产品的主要作用在于引流和拉新，比如开课吧在抖音和公众号发布广告，以价格1元的公开课吸引顾客，为App拉新后再通过售卖其他高价产品实现盈利。

　　菲利普·科特勒在《混沌时代的管理和营销》一书中谈道："企业应该关注核心产品和服务，放弃亏损或非核心的产品和服务。"那么，什么是核心产品？核心产品就是能为企业带来大量现金收入和主要顾客的产品。冰淇淋品牌钟薛高的在售产品SKU常年保持在10款左右，其中有七八款是长期存在的经典款，剩下的则不断更新迭代。钟薛高通过核心产品来巩固老用户，而创新型产品则是为了拉新。

很多时候，核心产品不一定会带来非常高的顾客终身价值和利润，但通过与增值产品的结合可以让核心产品变得非常有竞争力。增值产品和核心产品结合之后，可以形成一套完整的解决方案，长期锁定顾客，构筑顾客的纵深价值。核心产品解决现金流问题，而增值产品则解决利润问题。

最后，灯塔产品是最炫、最酷、最高端的前沿产品，它一定是和大客户联合开发的。企业不一定要靠它获取多少收入，但是它能帮助企业树立行业地位。

1986年，惠氏奶粉进入中国，虽然长期以来积累了一定的口碑，但一直没能占据中国市场鳌头。直到超高端产品线"启赋"的出现，才大幅缩小了与前两名企业市场份额的差距。但是，当时的惠氏奶粉仍然落后于美赞臣和多美滋。如何才能实现弯道超车？成功进入高端市场的启赋，还需要一款能够集中体现品牌核心价值的产品，用这款产品的推广，实现产品理念的传播，将高端市场打透，进而带动整个启赋高端奶粉产品线。2017年，惠氏奶粉推出了最高端产品"启赋1%限定版"，单罐价格超过500元。为了打造这款灯塔产品，惠氏奶粉用了两大策略：高价值与稀缺。惠氏奶粉宣布启赋1%限定版全球限量25万罐，只在中国75家限定门店销售，并且经常断货，很难买到。极高的定价本就引起了消费者的疑问，吸引了消费者，惠氏奶粉随之围绕这款产品进行了大量推广，成功将其打造为一款备受关注的"灯塔产品"，迅速扩大了市场影响力，带动了整个启赋产品线的销售。很快，惠氏启赋奶粉成为第一个跨越50亿规模的大单品，同时也是中国奶粉市场第一大单品，占据惠氏奶粉销售额的一半多。

产品创新与升级的动力：以食品饮料行业为例

很多行业增长的主要驱动力来自于不断的产品升级。

产品的升级，价格带的不断上升，是今天很多行业增长的核心驱动力。比如饮用水行业、饮料行业、酒水行业，特别是啤酒和白酒。消费者喝啤酒、白酒、矿泉水的总体胃占比没有增加，也没有比过去酒量更大，但是各个饮品行业的利润都增长了，尽管销售收入增长很慢。为什么？

因为科技、材料、工艺、包装、场景和消费能力的升级导致了产品的升级，产品升级又带来了价格升级和利润增长，这是今天很多行业增长的一个主要动力。

产品升级有很多的机会点和创新点。我给大家一个工具，如图4-2所示，列举的是食品饮料行业的"2×2"创新机会矩阵，它将是塑造食品饮料行业创新产品的关键来源。

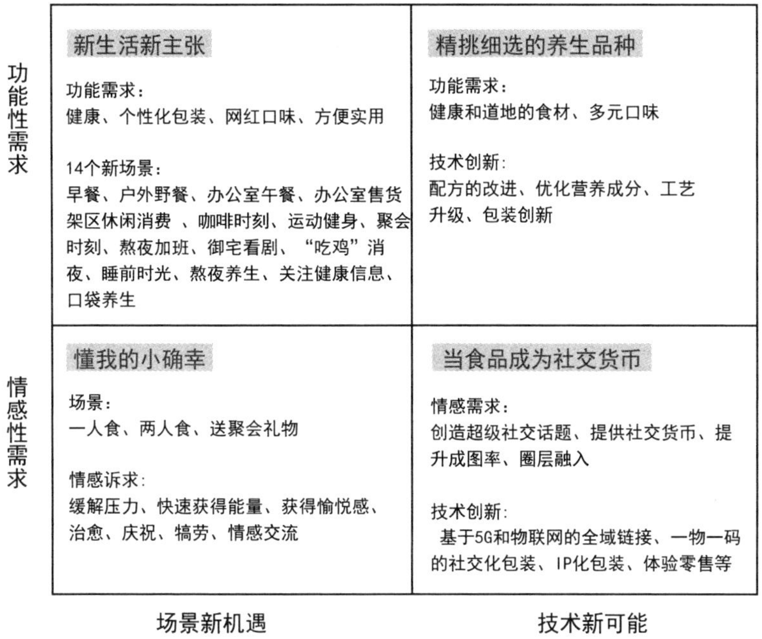

图4-2 食品饮料行业的"2×2"创新机会矩阵

来源：科特勒分析

"2×2"创新机会矩阵的纵轴是需求类型，可以按照顾客对产品是刚需还是更偏重情感需求进行划分，即功能性需求和情感性需求。同时可以按照产品升级主要来自场景新机遇还是技术新可能，把横轴分成2个部分。最终形成4个象限。

左上角象限：强功能性需求和场景新机遇结合会形成"新生活新主张"类的产品创新点。比如顾客想追求功能需求、追求健康、追求个性化包装、追求网红口味、追求方便实用等，由此会出现14

个新的场景，比如早餐、户外野餐、办公室午餐、办公室售货架区休闲消费、咖啡时刻、运动健身、聚会时刻、熬夜加班、御宅看剧、"吃鸡"消夜、睡前时光、熬夜养生、关注健康信息、口袋养生，这些全都是生活中的场景。因为顾客对食品饮料的消费往往和场景激发有关，同时产品还需要有非常强的新功能性刚需，比如包装、口味、健康等等，所以这一象限叫作"新生活新主张"。

右上角象限：功能性刚需和技术新可能两者相遇会产生一种叫作"精挑细选的养生品种"，客户追求健康和道地的食材、多元口味。可能涉及的技术有：配方的改进、优化营养成分、工艺升级、包装创新等。产品比如超级食材、功能性食品、拥有多元化口味的专属零食等，它们都可以给顾客带来全新的使用体验。

右下角象限：这一象限的产品可以用技术实现新的情感表达，比如通过食品创造超级社交话题、提供社交货币，通过技术提高包装设计的成图率和圈层的融入等，还有基于5G和物联网的全域连接、一物一码的社交化包装、IP化包装、体验零售等，这些都构成了让食品成为社交货币的创新机遇。

左下角象限：情感性需求和场景新机遇结合会带来什么？它会带来"懂我的小确幸"，典型场景比如一人食、两人食、送聚会礼物等等。顾客对这些产品的情感诉求有：缓解压力，快速获得能量、获得愉悦感、治愈、庆祝、犒劳、情感交流等。

只要用你所关心的维度进行划分，就可以画出各种矩阵，这些矩阵给产品创新带来了新的思路和机遇。这些新的思路来自于产品功能、技术和使用场景的不同，再根据人群的不同，就会构成无尽的创新之源。

所以还是那句话：大家不要觉得产品创新已经没有空间了，其实并不是。企业唯一需要关注的是，企业产品的创新是和消费者相关的，还是在闭门造车，由研发人员完全通过假想的消费场景、假设的用户需求进行的技术创新？所以，顾客导向、场景导向辅之以技术推动，才是进行产品创新的正确配方。

案例解析：富士胶片产品创新的底层逻辑

几乎所有商学院在讲到颠覆式创新的时候，都会提到胶卷产业是如何被数码相机颠覆的。同学们在对创新技术带来的全新增长兴奋不已的同时，也会对柯达（Kodak）和富士胶片（FujiFilm）这些曾经的龙头企业的命运唏嘘不已。

其实很多人都错了！富士胶片不仅仅没有"挂"掉，反而活得很好。

2022年2月，富士胶片株式会社（即富士胶片集团）发布了企业2021财年财务报告。数据显示，富士胶片2021年4月1日至2021年12月31日实现销售收入18609亿日元，同比增长18.3%；营业利润为

1865亿日元，同比增长54.8%。其中，包括医疗系统、Bio CDMO[①]和生命科学在内的医疗健康领域销售收入显著增长。

都是胶卷产业，为什么柯达和富士胶片的命运如此不同？原因有很多，我只说最根本的原因。

你以为富士胶片真的只是做胶卷的吗？错了，它是做"光敏材料"的。

和很多人认知的不一样，富士胶片并不认为自己只是胶卷企业，而是一家真正的"光敏材料"企业。

比如，Redox Control（氧化还原控制）和Nano Dispersion（纳米分散）是使胶片显示图像的核心技术，但是这两项技术可应用的地方并不只有胶片。它们在膜技术、生物医学、催化上都有很多应用，具有极大的价值。

富士胶片的使命是要让光敏材料的技术变成各种产品，解决客户的问题，创造更美好的生活。因此，富士胶片从光敏材料的全价值链出发，做了一个"光敏材料"技术全栈，创造了超过5个大类别、11个子品类的上百种产品！胶卷只是那个时代其中的一个"爆品"而已。对富士胶片来说，价值来自创新，创新之路永不停歇！

你以为一说创新就是高科技？错了，创新的最终目的是创造顾客。

---

① Bio CDMO是富士胶片为其合作伙伴的生物制剂、疫苗和基因疗法的开发和生产提供支持的业务。

企业存在的根本目的就是创造顾客。

怎么创造顾客？解决他们的问题，引导他们成为顾客。

经营企业的一个误区是，企业总想把自己的产品当成业务的本质，都想做成"百年老店"。其实不然，产品就像流水，总是在不断变化和迭代的，而真正百年传承的是"顾客的需求与欲望"。没有顾客真的想买一个钻头，而是要买一个0.1英寸的孔；没有顾客真的想买一辆汽车，而是需要出行服务；没有顾客真的想买一块30万元的表用来计时，而是为了纪念与传承。

这一步的关键是把技术的可能性变成顾客的价值。怎么做？请看下面的"三部曲"。

"技术—问题"匹配：技术可以解决潜在顾客的什么问题？

"问题—解决方法"匹配：解决方法能否产品化？

"产品—市场"匹配：产品适合什么样的市场？

用以上三部曲，我们来分析一下富士胶片牌护肤产品。如图4-3所示，是富士胶片牌护肤产品的"增长飞轮"。

富士胶片在做光敏材料的过程中，发现了4000多种光敏氧化分子（技术），其中不少分子会直接影响人体皮肤的氧化过程，导致皮肤加速衰老和各种皮肤炎症反应（问题）。皮肤作为人体组织，既是人体免疫系统的一部分，也是人类颜值的主要构成因素。因

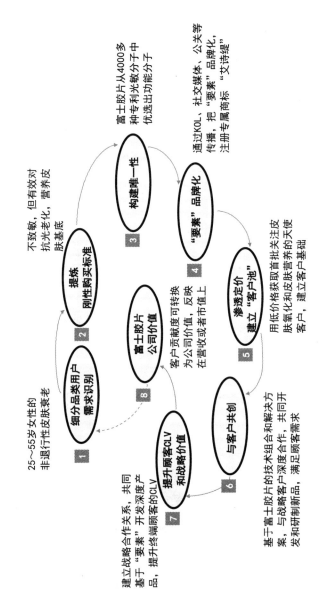

图4-3 富士胶片护肤产品的"增长飞轮"

此，赏心悦目且健康的皮肤成为广大女性和部分男性的刚性需求。

于是，富士胶片开始基于其化学专利，开发了功能性护肤产品。最终，这种产品包含了富士胶片独特的抗光敏氧化纳米制剂和能够给皮肤提供营养元素的融合性产品，定位于都市女性皮肤抗衰和皮肤活力恢复（市场）。

光敏氧化分子和纳米分散（技术）——皮肤的非退行性老化（问题）

皮肤的非退行性老化（问题）——抗光敏氧化纳米制剂+皮肤营养补充（解决方法）

艾诗缇抗衰和美肤（产品）——有皮肤衰老困扰的22～55岁女性（市场）

打通从技术到功能，再到顾客价值的循环，是富士胶片牌护肤产品成功的关键。

你以为高科技就是自己闷头搞研发？错了，高科技是以价值为中心的生态合作。

技术和创新的生态系统才是企业发展的永动机。

富士胶片的持续创新得益于其强大的包容和共创能力。任何一个技术，如果产生了垄断，就会萎缩衰退。只有开放，才能把全球各地的合作伙伴吸引过来，共同开发和创造，真正把企业做成社会的，让世界变得更美好。

富士胶片海量的技术就是以"生态系统"的方式变成社会价值的。在这个过程中，我把富士胶片这个庞大的创新系统表述为"1+3+3"战略：

1：一个全球创新的品牌定位

品牌导语：Value from Innovation，来自创新的价值。

品牌信念：Never Stop，永不止步。

品牌具象化：Innovation Aquarium，创新水族馆。

品牌故事：New Commitment，新的担当。

3：三层次的创新组织

共性层。总部无尽前沿研发总机构：基础性和前沿性创新。

行业层。事业单元行业研发和创新机构：行业性和应用性创新。

合作层。在日本东京、荷兰、美国的3个Open Innovation Hub（开放创新中心）：教育、传播、合作伙伴共创和场景性创新。

3：三个层次的链接

知识链：现有核心技术和新技术、新研发的链接。

数据链：现有基础设施和数据对新业务、新产品的链接。

业务链：现有客户和诀窍与新客户、新业务的链接。

最后，我总结一下富士胶片带给我们的启示，以此共勉。

创新和营销是企业的两大使命。富士胶片没有被狭隘的产品思维限制创新的步伐，而是在创新和价值创造上永不止步。

企业存在的根本是创造顾客。富士胶片用技术创新不断创造新顾客，不断扩展价值链边界。

不要老想着怎么挣钱，要想如何解决问题。每一个顾客背后都是一个高价值问题，企业收益是对顾客问题解决的回报。

心怀宇宙浪漫，也珍惜人间日常。不要小富即安，要关注长远的重大问题。在辽阔的时间和空间里创造价值，方可成就当下。同时也不要好高骛远，朝三暮四，脚踏实地关注细微的生活，方可决胜未来。

产品价值3V模型：让创新与顾客高度相关

如果创新技术本身很先进，故事很吸引人，但却没有顾客愿意花钱买单，这说明企业的创新只是自嗨而已，和顾客没有关系。因此，当企业进行创新的时候，需要站在顾客的视角去理解，创新应该如何与顾客高度相关？简单来说，顾客要愿意为创新买单，甚至愿意付更高的价格，溢价买单。

我给大家一个工具——产品价值3V模型（见表4-1），企业可以通过该模型，让顾客与创新高度相关。

表4-1　产品价值3V模型

营销创新问题	战略、成长问题	企业的反应
价值顾客 Valued customer	市场：哪些细分市场和地域 行业：哪些产品服务品类	预算敏感性人群：家庭出游者、中小公司销售、坐火车的人
价值主张 Value proposition	制胜模式：如何获胜——靠品牌形象、价格、定制化 收益模式：如何赚钱	在行业内价格最低，并塑造顾客利益保护者的形象 通过在高固定成本业务中实行动态定价，实现资产的高利用度
价值网 Value network	时机：行动速度和次序 途径：如何实现目标——建立合资企业，依靠内部成长，还是建立联盟	快速进入"赢者通吃"市场 控制一个城市后再进入一个新城市 以内部成长为中心，配合小型机会性收购

来源：科特勒咨询研究，《营销思变：七种创新为营销再造辉煌》

在学习3V模型之前，请大家先想一件产品，问自己3个问题。

第一，产品的价值顾客是谁？也就是说，产品创造出来是要卖给谁的？要解决谁的问题？丰富谁的体验？

第二，产品解决的顾客最痛或者最爽的问题是什么？也就是说，产品的价值主张是什么？如果让你用一句话来描述产品，你该怎么说？产品最核心的卖点是什么？解决了什么问题？创造了什么价值？如果你说不出来，但又好像有很多话想说，这说明你对产品的价值主张了解得不够透彻，还没想清楚或者没有抓到顾客的痛点或爽点。

第三，产品的价值网是什么？企业该如何组合这么多价值点交付产品？企业的供应链该如何组织交付价值网络？

最重要的顾客是谁？产品要解决他们哪些最重要的问题？产品的价值点该如何组合？这三个问题就是3个V——Valued customer（价值顾客），Value proposition（价值主张）和Value network（价值网），这3个V构成了产品价值3V模型。

我们再看一下产品价值3V模型是如何与价值曲线结合，创造出战略大单品的。如图4-4所示，是Easy Jet（易捷航空）的重构价值曲线，即"在产品价值3V模型基础之上重构价值曲线，聚焦最重要的顾客。

图4-4中有个坐标系。横轴上是产品为顾客提供的所有价值点，越靠近左边，价值点越重要；越靠近右边的点越不重要。纵轴

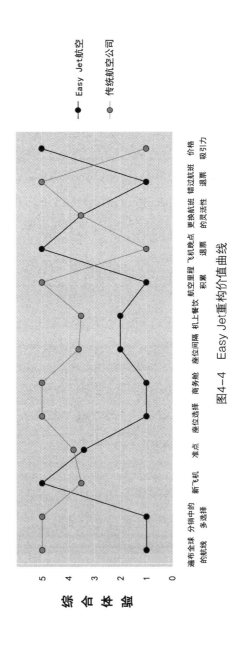

图4-4 Easy Jet重构价值曲线

来源：《营销思变：七种创新为营销再造辉煌》

是顾客的综合体验，也代表了针对每一个价值点，产品提供的水平如何：0是不提供、1是很一般、2是可以接受、3是标准、4是不错、5是超出期待。

举个例子，比如把航空公司的服务价值点一个个提炼出来，就会出现横轴上面的价值点。比如航线的选择性、有没有商务舱、餐食好不好吃、座位空间大小、航班准不准时、能不能退票、有没有里程积累、飞机新不新等等，从而形成一系列按照对顾客的重要性从左到右依次排开的价值点。把这些价值点按照相应的标准和顾客综合体验打分，就能得出一个航空公司提供的出行服务在顾客心目中的总体价值曲线。

大家先看图中灰色的线，它代表了传统航空公司的平均值。几乎所有的航空公司都有类似的曲线，包括中国四大航空公司和美国的四大航空公司，它们都提供了非常类似的服务，而且服务的水准差别不是太大。这种服务反映在市场竞争当中会有什么问题？竞争高度同质化。如果把航空公司的飞机标志和空乘制服换成一样的，顾客几乎分辨不出来不同航空公司之间服务的差别。

因为传统航空公司面向的是同一类的价值顾客，都是面向两舱旅客优先提供两舱服务。即传统航空公司都是面向同一类顾客提供了同类型的产品组合，或者服务组合，导致竞争高度同质化。

顾客满意吗？顾客在没有其他选择、不知道有其他选择、没有更好的选择情况下，是可以接受的。但是一旦顾客发现有其他更好的选择，就会离他们而去。

大家再看图中的黑线，这是一个创新性的欧洲航空公司，叫
Easy Jet。这是一家低成本的航空公司，它的价值曲线和灰线迥然
不同。灰线高的地方它都低，甚至不提供；灰线低的地方它却非常
高。比如在新飞机的价值点上非常高，票价极为便宜，航班选择退
票灵活度非常高……

为什么易捷航空可以做到差异化？而别的航空公司都不行，是
别的航空公司不够聪明吗？

类似易捷航空这种低成本的航空公司还有很多，它们每年都能
赚钱。而传统航空公司几乎油价一涨，就得赔钱。是传统航空公司
没有人才、不聪明，不知道这样做可以赚钱吗？其实这些传统航空
公司都尝试这么做，结果都赔钱了，所以它们都把自己的低成本航
空部门卖给了低成本航空公司，为什么？易捷航空成功的秘诀在于
什么？秘诀在于营销，在于重构价值曲线中对3个V的回答。

低成本航空公司之所以能够创业成功，是因为它们发现了市场
当中那些非常具体的，没有被满足的人群的需求，也就是找到了最
重要的顾客。为了满足最重要的顾客，低成本航空公司对产品价值
进行了明确的取舍。"我最重要的顾客最需要什么？最喜欢什么？
我就提供什么。他们不需要和不关注的，我就删减掉，从而保持我
的产品竞争力"。

低成本航空公司的价值顾客是谁？是那些原来坐长途巴士的
人，是那些还没有坐过飞机的人，是那些喜欢全家出游的人。他们
更关注价格是否便宜。据说，一位典型的价值顾客曾经告诉该公司

的CEO："你只要给我一个足够便宜的价格，找一个能飞的东西，我就敢坐上。"这种近乎玩笑的极端表达却真实反映了顾客最看重的价值。所以，从美国东海岸飞到西海岸，传统航空公司的价格是500美元~800美元，而低成本航空公司的票价最低可以到百元以下。

为什么价格如此之低，低成本航空公司还能赚钱？

就是因为低成本航空公司把对价值顾客来说不重要的产品功能都去掉了，设计出了只针价值顾客的独特产品，做了选择和放弃，从而让一部分人热爱它，一部分人根本不会用它。

比如低成本航空公司的飞机空间和座椅都较小，飞机上不提供任何免费餐饮，错过航班不提供退票，不能提前选座……但飞机都是新的，可以保证航空公司降低维修成本。

所以，当企业明确了最重要的顾客是谁，最重要的顾客最核心的需求是什么之后，就能够有目的地去改进、优化和创新产品和服务，尽一切能力满足价值顾客的需求。而不是撞大运，试图满足所有人、讨好所有人，而最终谁都没有讨好到，最悲惨的就是落到了品类中间的荒岛。

我们再看一个例子。以中国某知名互联网企业X头条的产品举例。我们先看X头条产品价值3V模型（见表4-2），然后再看它与竞争对手JR头条之间的区别。为什么两家企业有如此大的差异，但是都很成功？

表4-2　X头条产品价值的3V模型

营销创新问题	战略、成长问题	企业的反应
价值顾客 Valued customer	市场：哪些细分市场和地域 行业：哪些产品服务品类	小镇中年：信息获取能力低，闲暇时间多，可支配收入增长，圈子封闭
价值主张 Value proposition	制胜模式：如何获胜——靠品牌形象、价格、定制化 收益模式：如何赚钱	提供多种基于积极行为和关系构建的积分规则，以及积分和金币兑换激励体系
价值网 Value network	时机：行动速度和次序 途径：如何实现目标——建立合资企业，依靠内部成长，还是建立联盟	从新装机市场切入，提高软件优化程度，适应中低端手机，积分和金币兑换激励体系、收徒拉新激励性游戏化运营策略

来源：科特勒咨询研究

　　首先看X头条的价值顾客是谁？是小镇中年，这部分人的信息获取能力低，闲暇时间多，可支配收入增长比较快，而且圈子比较封闭。

　　然后看他们的核心问题或核心诉求是什么？他们的核心诉求之一就是消磨时间，赚点小钱。

　　最后，要服务这群人，X头条产品的价值网络应该是什么样的？产品要满足什么特征？这群人往往手机配置不高，而且大多用的是安卓系统手机，所以需要X头条从新装机市场切入，提高软件的优化程度，适应中低端手机。同时，他们非常喜欢赚小钱，所以X头条要让他们有赚小钱的机会，可以提供多种基于积极行为和关系构建的积分规则，引进积分和金币兑换激励体系，采用收徒拉新激励性的游戏化运营策略，让他们产生兴趣，不但能赚点小钱还能消磨时间。

上面是对X头条产品价值3V模型的基本认知。我们可以把这些内容通过和竞争对手进行比较，把X头条提供的所有顾客价值关注点在左侧列出来，比如内容质量、内容丰富度、社交性、软件流畅度、用户激励、个性化推荐交互与UI设计等，然后在右侧打分。

行业平均水平可以通过调研比较得出，竞争对手在每一项上的表现也可以通过打分得出，然后再自评X头条水平，最后对顾客每一项价值点的关注程度打分，最终形成X头条价值曲线打分表（见表4-3）。

表4-3 X头条价值曲线打分表[①]

客户关注价值点	行业平均水平	JR 头条的水平	X 头条的水平	顾客的关注程度
内容质量	3	5	3	2
内容丰富度	4	4	3	4
社交性	2	3	4	4
软件流畅度	4	3	4	4
用户激励	2	3	5	5
个性化推荐	3	5	4	4
交互与 UI 设计	4	4	4	2

来源：科特勒咨询研究

---

① 按5分量表打分。

　　有了这个列表之后，我们就可以形成图形化的认知，把顾客价值关注点、顾客关注程度、我们的水平、竞争对手的水平和行业平均水平，集中反映在一张四象限图上（见图4-5）。

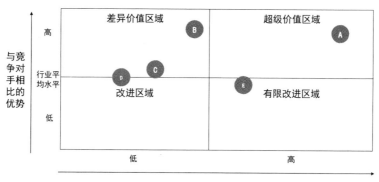

图4-5　四象限图

来源：科特勒咨询研究

　　我们把每一个价值点都放进四象限图中，就会看到右上角代表顾客感知价值度很高，同时与竞争对手相比，X头条在超级价值区域很有优势。X头条只要在这个区域做好，就与用户实现了高度互动，与竞争对手实现了高度差异化。超级价值区域是所有企业都梦寐以求的。

　　左上角代表顾客感知价值度不高。和竞争对手相比，X头条产品的差异化程度比较高或者优势比较高的区域，叫差异价值区域。只要企业在这个区域能做好，消费者就会关注到你。

左下角是顾客感知价值度很低，与竞争对手相比X头条产品也没有优势的区域，叫作改进区域。而顾客感知价值度高，但是与竞争对手相比X头条产品没有优势的区域，叫作有限改进区域。

X头条要优先关注超级价值区域：我们在哪一方面比竞争对手强，而且顾客感知价值度很高？该把产品的哪些价值点放到超级价值区域？比如用户激励、社交性和个性化推荐。而X头条在交互与UI设计和内容质量上与竞争对手拉不开距离，所以可以不太关注这部分内容。

把这些重要的内容，按照对顾客的重要程度和X头条是否有优势来划分，可以使X头条大力推广那些顾客最关注的区域广——用户激励、社交性、个性化推荐等，将它们就放在最重要的位置（见图4-6）。

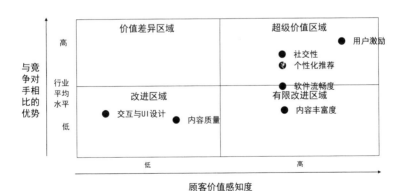

图4-6 X头条的四象限图

来源：科特勒咨询研究

对于超级价值区域，企业应该不惜成本，大力提升产品在这个领域的优势，并争取供应链的大力支持。而对顾客来说不是那么重要、企业又没有竞争优势的领域，只要做到一般水平就可以了。在用户完全不关注的领域，企业甚至可以不提供产品和服务。

画出价值曲线之后，我们会发现X头条与它的竞争对手JR头条的价值曲线，由于产品价值3V的不同，出现了迥然不同的形态（见图4-7）。价值曲线的形态不同，顾客使用产品时感受到的体验也不一样。因为X头条与JR头条是面向不同顾客，以满足不同顾客价值需求为逻辑，才打造出了差异化非常明显的产品。X头条与JR头条之间有竞争吗？有竞争，但是它们的差异化也非常明显。

这就是科特勒通过产品价值3V模型加上价值曲线，指引企业进行与顾客相关的创新，打造与众不同的超级产品的一个核心工具。

产品营销三大趋势：服务化、订阅化、盈利模式变革

当下，产品营销已然出现了3种值得关注的趋势。

趋势一：产品即服务

过去，我们对产品和服务进行了非常明确的划分。比如我是卖汽车的，你是开出租车的……今天，这种情况已经发生了改变，绝大多数企业都在重新定位。比如过去我是卖汽车的，现在是做出行

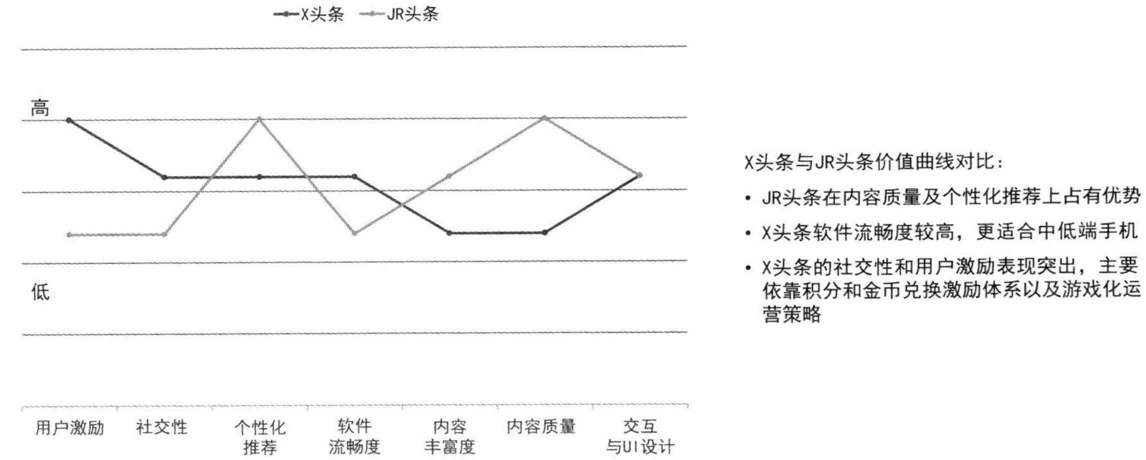
X头条
JR头条
高
低
用户激励
社交性
个性化推荐
软件流畅度
内容丰富度
内容质量
交互与UI设计
X头条与JR头条价值曲线对比：
• JR头条在内容质量及个性化推荐上占有优势
• X头条软件流畅度较高，更适合中低端手机
• X头条的社交性和用户激励表现突出，主要依靠积分和金币兑换激励体系以及游戏化运营策略

图4-7　X头条与JR头条的价值曲线对比

来源：科特勒咨询研究

服务的。汽车越来越多地变成了一种为出行服务的产品。过去我是卖电脑、卖主机、卖小型机、卖大型机的，今天已经没有人在卖电脑了，而是做IDC（Internet Data Center，互联网数据中心）、做云中心，卖的是服务。所以今天产品营销有一个趋势就是：产品即服务。产品很多时候不再单独售卖，越来越变成了一种服务和解决方案。

趋势二：产品按需订阅

比如今天的云服务，买花、订牛奶、购巧克力产品，都变成了一种订阅服务。这种改变看似普通，实际它从本质上改变了企业和顾客之间的关系，改变了企业价值创造的过程。

创办于2015年的鲜花电商品牌FLOWERPLUS（花加），以按月订购的模式切入鲜花市场，其模式可总结为"线上订阅+产地直送+增值服务"。花加拥有微信小程序、公众号、天猫、京东、银行渠道、小米有品等平台，其中大部分订单来自自有渠道。2019年，花加完成了3500万元的B1轮融资。

同样创立于2015年的猫咪用品套盒品牌魔力猫盒，也采用订阅制，以提供订阅服务的方式，每月向消费者投递一个主题猫盒。猫盒内含一款自选猫粮和多款零食、玩具、罐头、生活用品、猫抓板等，外部包装由专业插画师绘制主题插画。在订阅方式上，用户可以选择按季度或年度订阅，也可以以300元左右的价格单月购买。2019年3月，魔力猫盒获得1300万美元B轮融资。

趋势三：按顾客使用效果收费的盈利模式

如前文所讲，西班牙有一家戏剧公司，这家戏剧公司不收入场费，而是按照观众看喜剧演出时笑了多少次来收费，这就是按使用效果收费。

过去，企业和顾客在很多时候利益不一致。企业希望顾客多买产品，但是顾客真的需要这么多产品吗？双方在本质上会有冲突。因为企业的利益在于只有多卖一个产品才会多挣一份钱。所以我们经常会看到产品过度营销，顾客明明不需要买这个产品，但企业会过度销售给顾客，因为只有卖出了产品，企业才能赚钱。

但是今天，如果企业把产品做成服务，按照顾客的使用效果收费，按照顾客使用产品、服务获得的收益来分成，按照顾客问题解决的完美程度来分级付费的话，那么企业和顾客的利益就变得一致了，企业就能获得与众不同的增长模型。

所以，企业要重新思考产品和服务之间的关系，把产品变成服务，把服务变成解决方案，并按照顾客的绩效参与顾客的分成。

案例分析：华润雪花啤酒的产品创新战略

时间追溯至1993年。那一年，华润收购了沈阳啤酒厂，正式进入啤酒行业。

当时的华润董事总经理宁高宁接受了第二大股东SABMiller[①]的建议，采取"蘑菇战略"进行区域扩张。由于啤酒存在销售半径的限制，华润决定像种蘑菇一样，先瞄准重要区域市场的强大品牌做收购，扶强除弱，使其壮大辐射周边市场。即让"蘑菇"长大，做区域垄断。

然后再沿两条路线扩张，一条沿江（四川、武汉、安徽、常州、苏州），一条沿海（大连、秦皇岛、天津、浙江、上海、广东），即让"蘑菇"连成片。

随着"蘑菇战略"的逐步落地，到2004年，华润旗下已拥有37个啤酒厂，投入现金60亿元，年销售额70亿元，市场占有率达到12%。但是挑战也随之而来。在快速的收购和发展的过程中，华润现有的管理体系已经难以适应跨区域、多品牌的管理要求，如何形成强大的统一品牌，使一连串的"蘑菇"合力？

率先打响品牌战

经过20世纪末的扩大产能和21世纪初的疯狂并购，2004年，啤酒市场面临的局势是：盲目扩大产能导致产能急剧过剩，迫使企业进行价格竞争，导致啤酒行业总体经济效益低下；疯狂并购导致没有一个能覆盖全国市场的啤酒品牌，无论是国内还是国外品牌，没有一个企业具有绝对的竞争优势；区域品牌垄断各地市场，屏蔽了

---

① 世界上最大的啤酒公司之一，从事大规模的啤酒和其他饮料的生产和销售。

全国性品牌的渗透和成长。

华润选择了沈阳雪花啤酒作为其全国性品牌。雪花啤酒品牌从2001年启动到2003年开始全国拓展时遇到了挑战：雪花啤酒是什么？与其他啤酒品牌相比，如何进行差异化？雪花啤酒品牌的定位如何能真正地被消费者理解？

为了寻求更加有效地打造全国性品牌的思路，当时华润雪花团队的高层与科特勒咨询顾问进行了深度交流，双方都认为：未来啤酒企业将逐渐走向以品牌为核心的综合能力竞争，清晰的目标客户选择和独特的品牌定位是制胜的关键。2004年，科特勒和华润雪花团队针对啤酒消费者进行了系统调研，发现在消费者的认知中，除了百威，国内主流啤酒品牌均缺少鲜明的品牌形象，没有品牌故事，情感价值弱，主要依靠渠道覆盖和渠道运营获得增长。科特勒和华润雪花团队一致认为：雪花啤酒应该塑造"年轻化"和"新一代"的品牌形象，把年轻人力争上游和自我激励的情感诉求融入品牌核心价值中（见图4-8）。

最终，雪花啤酒确定了针对年轻市场，打响以"畅想成长"为价值主张的品牌战役。当时，雪花啤酒通过"自由、活力、梦想、激情、酷、个性、释放"等内容创造品牌概念，并开始发展雪花啤酒的品牌战略平台。

2004年年底，华润斥资上亿在全国推广雪花啤酒品牌，在各子公司建立专产雪花啤酒的生产线，逐渐替换当地品牌。雪花啤酒在业内首创了"联合品牌"策略，在当地最强大的地方品牌被收购之

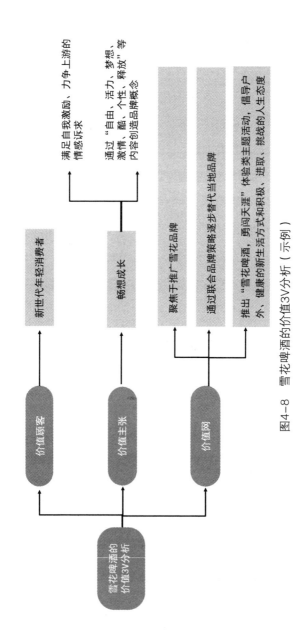

图4-8 雪花啤酒的价值3V分析（示例）

后，华润没有急于用雪花品牌替代它，而是以联合品牌的形式，让两个品牌同时出现在产品上。当消费者和经销商对此习以为常时，再用雪花品牌真正替换掉当地品牌，避免过快切换带来的风险。2018年，美团收购摩拜单车时也用了这一招。

2005年，雪花啤酒推出"雪花啤酒，勇闯天涯"体验类主题活动，倡导户外、健康的新生活方式和积极、进取、挑战的人生态度。迅速提升了雪花啤酒的消费者关注度和业绩增长速度，品牌个性日益凸显、内涵逐渐丰富，率先成为国内"一个有故事的个性品牌"。

同样的市场投入，将所有资源聚焦在一个品牌上，更容易推出强势品牌。2006年，为备战奥运会，雪花啤酒入京，侵入燕京啤酒基地市场时，已是全国第一的品牌。

2008年北京奥运会过后，国内啤酒市场的基本格局已定：雪花啤酒占据四川、辽宁、安徽，青岛啤酒盘踞山东、陕西，燕京啤酒主打北京、内蒙古和广西，百威攻下福建、黑龙江，嘉士伯则在新疆、宁夏、重庆和云南，成为西部王。国内整个啤酒的"利润池"格局大致如此，其余市场仍在激烈争夺中。

谁知就在这时，随着消费者需求的变化，啤酒市场开始走向了另一条轨道。

挑战：消费者变了

2014年，拐点出现。

这一年，中国啤酒市场10年的爆发增长期停止了，开始往下走。

2013年，中国啤酒产量最高峰达到5065万千升，随后逐年下滑。直到2017年啤酒企业纷纷开启高端化战略，竞争策略由"份额优先"转向了"利润优先"，市场才重新企稳。[①]

为什么？

一方面是顾客的需求变了，从社交分享的"豪饮型"转向了悦己享受"慢品型"，工业啤酒淡爽口感的市场被进口啤酒或精酿啤酒的醇厚口感抢占。如果画出啤酒行业的价值曲线打分表（见表4-4）和价值曲线（见图4-9），可以看出，顾客对于啤酒价格的关注程度在下降，而对啤酒本身的功能价值，比如对色、香、味、泡沫的要求在提升。

于是，精酿啤酒在2015年左右异军突起，熊猫精酿、猴子精酿、酒花儿、拳击猫、高大师等精酿啤酒品牌涌现，并相继拿到大笔投资，走出酒吧，开始向餐饮、便利店等渠道渗透。

另一方面，替代型饮品开始出现。酒精类饮料和预调酒的出现，分走了工业啤酒市场的一部分蛋糕。酒类的多元化、个性化消费需求开始出现。比如酒花儿就推出了专门面向女性消费者的水果酒。

---

① 华鑫证券. 群雄逐鹿共天下，加速高端化进程——啤酒行业深度报告[EB/OL].（2023-04-24）[2023-05-30]. https://pdf.dfcfw.com/pdf/H3_AP202304241585738553_1.pdf?1682352563000.pdf.

表4-4 啤酒行业价值曲线打分表（示例）

顾客价值	顾客关注价值点	行业平均水平	竞争对手水平	我们的水平	顾客的关注程度
功能价值	颜色	3	3	3	4
	香气	3	3	3	4
	味道	3	3	3	5
	泡沫	3	3	3	4
经济价值	价格	4	5	4	2
心理价值	品牌态度	3	2	5	5
	个性化	2	2	2	4
	社交属性	2	3	3	3

此外，啤酒消费的场景也在由悦人向悦己过渡，从社交分享型向个人享受型逐渐转变。甚至，顾客开始关注啤酒品牌背后的态度与价值观，以及能否借助品牌表达自身的个性与诉求。

以往，啤酒"霸主"们通过跑马圈地，占尽量增红利，并借助"价格战"和对渠道让利抢占市场。如今，它们面临的问题是：如何在消费者变了的情况下，抢占消费者的心智份额和胃纳份额。

开启产品高端化战略

为了应对啤酒市场高端化、多元化、个性化的需求，雪花啤酒从2016年开始逐步关停一些工厂，并且在2019年4月将喜力中国收入怀中，先后推出个性化品牌勇闯天涯superX（面向"90后""00

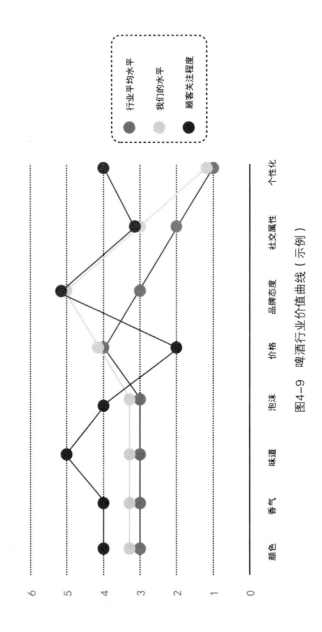

图4-9 啤酒行业价值曲线（示例）

后"）和雪花匠心营造（面向社会中坚人士），并推出雪花马尔斯绿（MARRSGREEN）啤酒、黑狮白啤等高端品牌。

2019年年底爆发的疫情导致餐饮门店暂停营业、家庭聚餐大幅减少，啤酒的主要消费渠道和消费场景均受到抑制，这迫使依赖传统渠道的啤酒企业必须"触电"，并为电商渠道设计更为适合的包装（比如更突出设计感的罐装），为线上传播渠道策划更打动人心的内容。

2020年，华润集团设立了渠道发展部。开启"大商战略"，引进、培育高端渠道，并寻找适应大客户的内容，以此深耕市场。

为顺应消费升级，雪花啤酒正式开启产品高端化战略，打造"4+4"（勇闯天涯SuperX、匠心营造、马尔斯绿、脸谱+喜力、苏尔、虎牌、红爵）产品矩阵。在6~8元的价格带上大力推广专为年轻人而打造的跨时代啤酒新品勇闯天涯SuperX，承接勇闯天涯的消费者升级。

2021年下半年，雪花啤酒推出了定价999元/盒（2瓶）以中华文化为基石的超高端产品醴、高端产品黑狮果啤(#485玫瑰红)、碳酸饮料雪花小啤汽和国际品牌红爵，不断丰富产品矩阵以支持高端化发展。

此外，在2021年8月26日，华润啤酒披露公告，拟通过投资山东景芝白酒有限公司进军中国白酒市场，进行多元化扩张。2022年12月7日，华润啤酒斥资123亿元收购金沙酒业多数股权获批，正式进入中国蓬勃发展的酱香酒市场。

2021年12月7日，华润啤酒（控股）有限公司董事会主席侯孝海透露，华润雪花啤酒的高端产品，在中国高端啤酒市场占有率已达到22%～25%，其中部分高端增量来自于雪花啤酒渠道大客户。2021年，共有近200个大客户加入雪花啤酒渠道，大概占雪花啤酒经销商数量的1.4%。但他们贡献了雪花啤酒6.7%的销量以及11%的增量，逐渐成为中流砥柱。

2022年，侯孝海首次提出了"啤酒新世界"的观点，并提供了"做啤酒新世界的领导者"的系统方法。其中，他特别强调消费者主权时代的变化和"品质主义"的产品创新论。

2022年3月24日，华润雪花啤酒发布2021年业绩报告称，2021年华润雪花啤酒的综合营业额为333.87亿元人民币，同比增长6.2%，实现净利润45.87亿元人民币，同比大幅增长119.1%。

第5章

结构性增长：渠道

结构性增长的最后一个来源是渠道。

在菲利普·科特勒先生所著的《营销管理》中，强调了营销的"4P框架"，4P分别为Product（产品）、Price（价格）、Place（分销渠道）、Promotion（推广）。在这4P当中，最复杂的就是Place（分销渠道）。

为什么？

因为其他三个P都是企业内部可以管控的，只有渠道是企业的外部合作方。企业需要把契约型的社会资源整合起来，贯穿从产品制造到交付给顾客的漫长过程，中间涉及总代理、终端、授权代理商等各种各样的渠道角色。

所以我认为，企业和渠道商之间是一种既有竞争又有深度合作的复杂竞合关系。比如农夫山泉、娃哈哈、美的、TCL，它们的成功都有共同的重要原因——渠道模式的创新、渠道执行力，以及渠道利益的公平分配。

新渠道拓展：近场景渠道和私域渠道

渠道终端是消费者切身体验感受最多的环节，也是形成关键购买行为的触点。"新渠道"的新旧与否是相对而言的。比如一些传统品牌从线下渠道起家，那么电商渠道对于它们来说就是新渠道；现在也有一些新品牌是从电商渠道、直播带货实现了从0到1的突破，线下渠道对于它们来讲反而是新渠道。所以，新渠道拓展对于不同类型的企业来说是有差异的。

新渠道拓展主要分为从线下到线上的拓展、从线上到线下的拓展以及开发私域三大类型（见图5-1）。

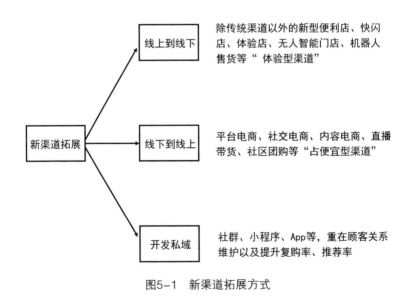

图5-1　新渠道拓展方式

目前，渠道终端的作用正在不断细分。过去，很多商品都会在大流通渠道售卖，比如大型超市、大卖场等。但是今天很多品牌只选择在一些特定终端出现，比如某些饮用水、气泡水、化妆品等，都选择只在品牌集合店或者品牌体验店出现。而且，渠道也开始像品牌一样，承载着非常重要的精准触达作用，不同的渠道会触达不同的细分市场。而且品牌和渠道之间这种基于目标人群选择、触达的一致性，正在变得非常重要。

根据顾客需求的变化趋势，有两大类渠道值得大家特别关注。

第一类是追求分销效率，让消费者"占便宜"的渠道，这种渠道往往是在线上。

顾客购买这个渠道的产品，是因为从这里购买产品更实惠、便捷，觉得占了很大的便宜，即企业将创造的价值通过这个渠道让渡给了顾客。"占便宜型"渠道更适合那些"低介入"产品。低介入产品不会影响顾客对社会的认知，不会产生严重的经济后果。"占便宜型"渠道，比如平台电商、社交电商、内容电商、直播带货、社区团购等渠道，它们可以让低介入产品更加高效地匹配消费者的需求。

第二类渠道主要起到连接和承载作用，我把它称为"体验型渠道"。它是能卖出溢价的渠道，这种渠道大多是在线下。比如除传统渠道以外的新型便利店、快闪店、体验店、无人智能门店、机器人售货等，它可以给消费者带来很多基于场景、贴近生活现场及生活方式的产品，还可以基于兴趣培养，启发消费者发掘生活中的全新价值。对于那些带有很强价值观和倡导独特生活方式的品牌来说，特别需要匹配这样的渠道。

举个比较典型的例子，科特勒咨询团队曾经帮助景德镇的陶溪川陶瓷文化创意园（后文简称陶溪川）规划瓷器零售旗舰店。与传统零售按照品类分布不同，我们建议陶溪川按照消费者的生活场景布置店面，比如书房、茶室、客厅等。在这个渠道中，消费者获得的不再只是一套瓷器或一张桌子，而是这家店的艺术化生活方式，购买的是家庭空间布置提案。所以，在家居领域，渠道的变革也可以反映企业为了提升客单价做出的升级。目前，越来越多的整体家装、智能家装开始推出场景品牌。升级场景对渠道配合、渠道重构是非常重要的，企业要学会讲故事，营造生活场景来大幅度提升客单价。这意味着渠道要从单一卖货转变为了解顾客、经营顾客、维护顾客，做长期经营。

再比如，美妆行业最早是在大卖场以及多品类、多品种的买手店里销售，基本上是"导购模式"。但现在的年轻人在渠道选择上就很不一样了，他们会去话梅（HARMAY）、调色师（THE COLORIST）等美妆店，为什么顾客愿意去这些地方购买？因为这些地方为顾客营造了一种主题公园的感觉，让顾客拥有探寻情感、审美、场景的互动。这些其实就是渠道的进化，渠道升级和品牌升级是同步的，最终都是要能够触达、打动卖场环境中的顾客，甚至能够教育顾客，帮助顾客找到更好的自己和更适合自己的购物组合。

最近几年"私域"作为一种新渠道得到了营销人的关注，典型的私欲如社群、小程序、App等。私域是与公域相对应的概念，公域如果不大，私域就大不起来，就像那句俗语——"大河没水小河干"。所以，企业应该在国家整体的大政方针下，打破互联网中的信息孤岛和流量孤岛，加大互通，让信息和流量真正连接起来。互联网真正的本质是自由联通，而不是形成一个个"私有花园"。

全网私域对顾客是非常有价值的。对顾客来说，没有"自己归属于某一个品牌或平台"的概念，顾客天生就是多任务、多场景、跨平台的。今天包括基于CDP的全网私域背后有一个重要的问题，就是在生产、工作、生活、娱乐、出行、餐饮活动越来越多地放在线上之后，企业该如何提升顾客的数字化消费体验。

作为重要的私域工具，一些企业的服务App已经从过去的仅仅是连接好友、企业顾客、同事，变成了企业的价值网络连接点，开始连接经销商，甚至可以连接一些小型B端顾客。因为在真实的服务当中，企业是通过多层次的分工价值网来服务顾客的。这种多层次连接不仅仅丰富了连接的高效性、丰富度，重要的是能让企业真正形成高效、快速的反应体系，为终端顾客服务。目前，私域从工具端到理念端，已经进行了高度的深化和升级。

最高级的私域就是顾客终身价值管理。对顾客来说，存在线上和线下混合型消费的过程，所以私域要真实地反映和触达线上和线下的顾客。我们正处在一个特别有趣的时期，技术、数据以及经营理念三股力量汇合之后，让企业更有能力真正提升顾客终身价值，把一次性买卖变成长期经营顾客。当下，我们有了技术、数据、平台、私域工具，同时有了基于私域的经营理念和组织，足以掀起一场由技术和理念赋能的企业经营模式的根本性变革。

毫无疑问，任何技术的变迁最终都会影响到经营模式和整个组织模式。过去，企业把客户服务、营销技术、投研中心、服务交付、口碑传播、顾客满意度调查、用户推荐等事情分散在很多组织里；但是今天企业有了CDP、私域、企业微信之后，可以将原来分散的职能都囊括进"私域"，将它们集中在大的理念之下。

如此一来，如果企业还是按照原来的组织结构去做，那么营销效率就会降低，而且也做不到真正的私域。目前，大多数企业的组织模式还是基于内部视角以产品为中心、以制造为中心、以职能为组织划分方式的制造业模式。在私域背景下，企业要变成以细分市场顾客为组织中心，围绕顾客展开一系列推广、营销、顾客经营的私域服务，这是一次巨大的组织变革。从过去的生产中心型组织，变成以用户为中心型的组织，用产品化和顾客终身价值构建的资产性思维做生意，企业会发生根本性的变化。

企业原来都是按照"品牌细分"这种方式搭建组织架构的，但现在很多企业的组织方式变成了以顾客群、以细分市场顾客为中心的组织形式。比如，过去银行是按照固定收入、投资、资产管理分类管理的。今天，在一个综合性的金融集团当中，可能会按照高净值人群、白领家庭、空巢老人等细分人群来组织产品营销、产品匹配、客户服务和"老带新"顾客的产品升级。你会发现，私域背后的技术会倒逼组织结构改变。

这样的变化就要求企业必须深度了解顾客。过去，企业是深度了解自己的产品，以产品为中心；但是现在企业必须深度了解顾客，知道顾客什么时候想购买产品、什么样的顾客赚钱、什么样的顾客赔钱、顾客在哪一个产品上贡献了最大的利润等，这就倒逼企业形成关于顾客的深度认知并进行经营管理。

目前，私域作为一种经营顾客的方式，有3个关键词：广度、深度、难度。

首先是"广度"。2023年，私域增长趋势加剧。过去，企业可能认为企业微信就是私域；今天，私域的广度已经远远超出腾讯的企业微信，包括阿里、百度、抖音、快手等都推出了自己的私域工具和平台。过去，在亚马逊平台做顾客留存、做品牌很难，现在亚马逊也推出了私域运营工具。所以，私域的广度反映在越来越多的互联网平台。

其次是"深度"。越来越多的企业开始把私域从一个简单的工具，变成融合多种工具、营销方式以及与之相配套的组织变革，把私域做成真正可以留存、经营、触达顾客和复购、升级产品的一套经营体系。私域深度的加深是企业的一场变革。同时私域正在回归它的本质——企业和顾客之间持续的价值连接和价值经营。私域深度的空前深化也是竞争使然，企业也在不断学习和理解新事物。

最后是"难度"。私域已经进入"深水区"，但是如果大家对私域抱有不切实际的期待，认为它很快就能实现企业目标，这其实是不可能的。"私域"是企业要长期经营的，不是今天做了明天就能见效，私域运营是高难度的。真正能够把私域用好，以带动销售、提升顾客终身价值、提升复购率、推动产品升级还是很难的，并不是所有企业都适合做传统意义上的私域。私域跟行业的购物频率、毛利是高度相关的。

那么，什么产品更适合做私域？那就是高介入度、高毛利、高客单价的产品。一些低客单价而且顾客易喜新厌旧的快消品其实不太适合私域。

生产高介入度、高毛利、高客单价这类产品的企业做私域比较多。相对来说，这些产品的私域价值发挥空间也比较大，因为它们的会员活跃度高、会员之间的交流频繁、老带新复购多、会员对新品发售等起到的助推作用比较大。同时私域也会给顾客带来很多增值、实用的专属知识，在企业推出一些独特的新产品或者积分时拥有特权。

私域经营不会自然发生，它是一个经过精心策划、精心实施、有目的的过程。所以这才有IMC［IP+MarTech（营销技术）+Content（内容）］，即企业需要打造IP，提升技术，而且提供的产品内容也要不断吸引顾客，让顾客不断为企业赋能。

值得一提的是，企业的私域要想运行得好，还跟企业的社会功能有很大关系。

私域在企业的整个经营和营销管理当中发挥着多种职能。

第一个职能：实现顾客的留存，留存顾客之后可以做到洞察顾客。

第二个职能：顾客留存之后实现顾客复购。

第三个职能：实现顾客的交叉销售。

第四个职能：顾客能够帮助企业带动新品销售。在新品上市的时候，可以直接触达私域当中的老顾客，通过给特别红包、特别折扣等让他们成为新品的优先体验人。

第五个职能：顾客通过口碑传播、分享使用心得等，带动产品口碑裂变，引进新顾客。

第六个职能：私域能够筛选出忠诚顾客和一般顾客的使用反馈、真实的价值共创，帮助升级产品，提炼顾客洞察。甚至在服务顾客的过程当中，还会发现很多企业自己都不知道的独特使用方法、独特诀窍，从而为企业带来共创洞察和新的营销内容。

所以，做私域要看企业所处的行业适不适合，同时要清晰地描述私域在整个企业营销策略当中应该重点发挥哪些职能。

以上提到的私域六大职能和企业不同的工作方向、团队对接、产品开发、新品GTM、顾客服务的匹配度和使用重点完全不一样。私域是一个很大的词，它是企业围绕顾客展开的一系列经营方式的集群。在此之下，企业还需要精细化运作，改变组织结构，设立新的岗位和招聘新的优秀人才。

做生意和其他任何事物一样，都是一个动态平衡的过程。善用私域，让私域作为企业成长的重要杠杆，是存量市场以及快速增长市场中一个不可避免的话题。

现有渠道提效：被忽视的金矿

渠道结构和渠道效能的提升，是中国本土企业战胜跨国企业的秘诀之一。回顾早期的手机和家电市场，国产手机份额胜出外国手机，TCL、创维超越日本企业等等，都是因为找到了渠道模式的关键发力点。今天，电商的增长速度很快，但2021年电商的零售总额仍然没有占到社会总量的30%，体量很小。线下大量分散的渠道被忽视了，这是一个巨大的金矿。

渠道用得怎么样，往往决定了企业是十亿、百亿还是千亿级规模。电商做得好的企业，百亿是一个天花板，比如三只松鼠就刚好做到了百亿级规模。最近几年比较热门的私域流量、社交电商等，基本都是十亿级规模的。而线下渠道如果做好，规模能有多大？是千亿。这种规模差异的根源在哪里？是渠道资源的整合和渠道效率的提升。

我和一位著名家电企业的CEO朋友曾讨论过一个有趣的话题：该企业在国内卖出了700万台电视，过程中用了近1万人；在美国卖出了680万台电视，只用了不到70人。这些数字的背后是什么？是渠道结构、效率和模式的不同。当然，这些也和国情有关。在美国，渠道分工细，能力强；在国内，大多数企业采用的还是过去的商业模式。

如何提高现有渠道的效率？一是缩减渠道多余的链条，渠道扁平化；二是通过数字化手段进行渠道管理（见图5-2）。渠道扁平化主要有3种类型：一是去掉低效的经销商环节，变经销商为服务商，让产品从工厂直达门店；二是去掉门店环节，让产品从经销商直达消费者，比如社区团购模式；三是中间的环节都不要，让产品从工厂直达消费者，比如直营模式。

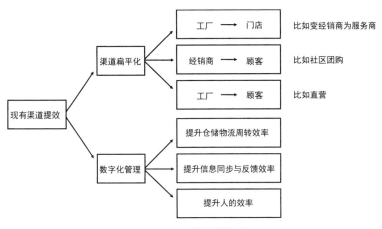

图5-2　现有渠道提效路径

饮料品牌元气森林就是靠便利店渠道实现了从0到1的突破。为了提高渠道效率，元气森林在2021年收购了自动贩卖机企业"魔盒"，开始布局线下智能零售柜。首先，通过魔盒自动贩卖机的直营渠道，元气森林可以节省支付给其他零售渠道的费用；其次，元气森林可以通过自动贩卖机这样的零售柜快速测试新品的市场反应，以更低的成本快速收集数据；最后，元气森林的自动贩卖机不仅出售元气森林的产品，还销售薯片、方便面等其他品类产品，从而提高单柜的毛利率。从2021年中到2022年中，元气森林已在全国投放2.5万台自动贩卖机。当然，元气森林的线下渠道之路还很长，要补的课也比较多，读者可以持续关注。

数字化管理主要提升的是仓储物流周转效率（货物流）、信息同步与反馈效率（信息流）和人的效率，这部分将在第7章数字化部分详述。

除了以上两大路径，有些品牌还会通过结合线上线下渠道各自的优点，提高渠道效率。为了兼顾对目标消费群体精准与广泛的运营，儿童食品品牌小黄象通过线上线下结合的方式进行传播与销售。首先，小黄象通过线下活动锚定了第一批"种子"用户，比如赞助各种类型的青少年体育联赛，找到一批重视体育运动的家长（注重运动的家长也很注重饮食健康）。其次，在线下获得"种子"用户之后，就可以精准描绘目标客群画像和标签，再将其与大数据相结合，获取更多的精准用户，从而构成了一个"增长飞轮"。

成熟渠道挤压：解决渠道利益冲突

平台电商、社交电商、直播带货等线上渠道是增量所在，但总体份额不大。所以线上营销的核心是"引爆"，这有利于创业品牌的起步。

线下渠道才是最大的存量客户和存量销量所在。目前，线下渠道的核心是对成熟渠道、成熟品类采取挤压式的营销模式，即抢占竞品的货架空间和顾客，这叫作"成熟渠道挤压"。

对于已经有口碑的线上渠道品牌，会有很多线下渠道邀请品牌进入线下，品牌要抓住这个机会。但是要注意线下渠道的运营、谈判、合作能力等与线上渠道差别极大。线上渠道遵循的基本上都是平台逻辑、流量逻辑。平台逻辑和流量逻辑本质上是两个东西：一个是平台打造产品，品牌只要接受"分利"就可以了，平台将各种各样的套餐都设计好了，品牌只需算账即可。也就是说，只要会算账，品牌就能基于数据对线上投放不断优化和提效。流量逻辑是指品牌将用户视为网络流量，通过投放付费展示广告、程序化广告等进行触达和引流，从而实现产品销售。但是，将线上逻辑运用到线下，基本上很难发挥效用。线下渠道很多时候是人情逻辑。同样的业态，不同的渠道、不同的时间、不同的人，进货价、进场费、上架费、节庆费等都会不一样。

即使是以前就做线下渠道的品牌，有的也没有形成可以覆盖全国的经销管理网络，渠道还可以进一步挤压和渗透。但是在挤压的过程中，一定要注意渠道的个体成员和渠道集体之间的利益冲突，这是博弈论当中非常典型的"囚徒困境"，即个体短期利益的最大化是以集体利益为代价的。解决"囚徒困境"需要外部力量协调各个成员，让他们达成共识，保持行为一致。

从本质上来说，渠道是由品牌和经销商组成的一个共同协作网络。这个网络要高效运营，就如同上文举的"囚徒困境"案例，渠道成员需要一个"渠道管家"来协调各个部分，实现个体利益服从集体利益。

在真实的世界中，关于"谁是整个渠道链条中的领导"这件事是需要博弈的。品牌希望领导和制约渠道商，让"渠道商都听从吩咐，按我的要求做，不窜货，认真推广产品"。而渠道商则会觉得"我为什么要这样配合你？为什么要给你提供这些信息？除非你能给我提供额外的帮助和价值"。

经济学家罗伯特·斯特纳（Robert Steiner）提出过一个模型，这个模型解释了在品牌和渠道商这种既竞争又合作的大体框架下，品牌该如何提升领导力（见图5-3）。

我用一个案例解释一下该模型。

假设有顾客要买A品牌的灯泡。他在一家零售终端询问有没有A品牌灯泡的时候，店面老板说："我没有A品牌的灯泡，但是有B品牌的，你要不要买？"

情景一：顾客说："我只要A品牌的灯泡，不要B品牌的，不好意思。"然后他驱车5公里，到另外一个店买了A品牌的灯泡。

情景二：顾客说："没关系，B品牌的灯泡我也要。只要方便，在你这里买我很放心。"顾客最后买了B品牌的灯泡。

在情景一中，大家觉得是渠道有影响力还是品牌有影响力？毫无疑问，情景一是品牌更有影响力，A品牌是消费者购买产品的首

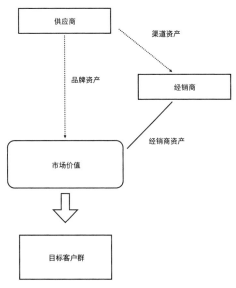

图5-3 罗伯特·斯特纳模型

选。消费者购买灯泡，考虑的核心价值是A品牌本身，而不是渠道所提供的服务和便利。

而在情景二中谁更具有主导权？是渠道。因为在消费者的购买决策当中，灯泡是A品牌还是B品牌并没有那么重要，重要的是渠道提供的便利、推荐和对渠道的信任。

所以，在品牌与渠道的博弈当中，品牌要想尽办法通过独特的、有号召力的产品，首先在终端用户当中形成强大的吸引力，从而影响渠道决策，建立和扩大渠道影响力。为什么企业要打造品牌？为什么要打造品牌产品？并不仅仅是形成品牌后产品溢价更高，而是品牌产品对终端用户更有影响，从而可以让品牌更好地领导渠道，让渠道更高效地为品牌工作，让品牌产品成为渠道的首选产品。

有一个问题大家经常争论，即企业到底应该先做渠道、提升销量，还是应该先打造品牌？

答案是两者要同时进行！企业要集中力量打造品牌，因为没有品牌，产品就没有竞争力，拓展渠道只会更贵、更困难。同时，企业也要开拓渠道，因为没有渠道触达消费者，所以就没有销量，品牌就是空的，无法实现增长。

在品牌提升自身领导力的同时，渠道也在不断提升竞争力，去抢夺话语权。比如在家电零售行业、电商行业，渠道和分销商有很大的话语权，甚至很多品牌成了给渠道打工的角色。不同的行业、不同的终端消费者、不同的竞争格局，会导致渠道和品牌的博弈产生很大变化，这是很自然的。

成立于2017年的彩妆品牌花西子，为了扩大声量拿出了"高返佣"的法宝。部分带货主播的返佣比例甚至高达60%～80%。和常见的主播返佣模式不同，花西子和头部主播李佳琦的合作是"年度框架协议+高额利润分成比"。正是借助李佳琦直播间的渠道，花西子实现了从0到1的突破。

2020年，花西子同心锁口红在投产前，10余人的项目团队带着样品造访了李佳琦的美ONE（美腕）总部。在30分钟的汇报后，李佳琦一连指出了包括颜色不对、按压手感差等五六个问题，最终项目团队全盘听取了李佳琦的意见并重新生产样品。自2019年以来，产品投产前征询李佳琦的意见，已经成了双方合作的重要环节，然而也为花西子埋下了"过度依赖李佳琦"的隐患。

"降低李佳琦流量权重"的计划在花西子内部悄然启动。2020年3月至今，花西子每天都在进行"店铺自播"，月均超过50场。在B站（哔哩哔哩），2020年花西子合作的UP主数量相当于以往3年的3倍。

事实上，在2020年前后突围而出的超新星品牌，绝大部分都与头部主播的直播间有着莫大的关联，它们大都借助直播红利乘势而起。然而"成也萧何，败也萧何"，如何摆脱对头部主播渠道的依赖，开拓更具品牌掌控力的自有渠道，成为这些品牌面临的成长难题。

我想特别说明的是，无论是渠道还是品牌，其实都是为顾客创造价值的。也就是说，品牌是通过产品和服务创造了价值，而渠道是通过分销、物流和售后服务等创造了价值。所以一家优秀的企业，一定是和渠道携手共同成长的，最终为顾客提供卓越的价值。

渠道管理是营销当中非常重要的一部分，也是最复杂的，还是关乎企业能否为顾客创造卓越价值的重要部分。它既是品牌的延伸，也是顾客价值的一部分。

关于渠道渗透，市场营销学教授布莱安·夏普（Bryon Sharp）提出的"HBG（How Brands Grow，品牌如何增长）大渗透理论"认为，想要实现品牌增长，首先要提高产品渗透率，让消费者在产生需求的时候可以快速想到品牌，产生购买欲望，并且能随时随地买到该品牌的产品。

HBG大渗透理论适合大部分满足人们日常生活需求的大品类必需品。企业要想提升分销密度、提升产品渗透率，要考虑的关键点是：销售额的增长来自于渠道的渗透和下沉，但是企业要算清楚每份新增长背后，销售终端的订单数量、订单密度能否支撑该订单所带来的一系列分销成本和人员成本。

过去，对大多数品牌来说，每当渠道下沉到乡镇甚至社区时，这个账是算不过来的。但是今天，数字化的发展使得B端、C端（个人终端用户）渠道的基础设施不断提升。在订单密度提高的同时，服务成本下降了，以至于不少品牌都可以实现下沉。

中国消费市场目前拥有约700万个终端，其中真正的连锁终端不到60万个。这些连锁终端是线上品牌进入线下渠道的首选。因为只要谈拢一个总部就可以覆盖上千家分店，而且都是在一、二线城市。所以网红产品往往会出现在这些连锁店里。其余的640多万个终端渠道大部分都是独立店，甚至400多万个都是"夫妻店"，这种店的覆盖成本很高，且卖不上价，这是限制产品深度分销和大渗透的重要原因。

但是，现在情况发生了变化。基于LBS（Location Based Services，基于位置的服务）技术，地理空间扩大了。原来一个药店只能做周围1公里的生意，现在有了LBS技术，就可以覆盖周围3公里的人群。这种渠道技术的发展和提升，使订单密度和覆盖面发生了变化，让深度渗透的终端变得有利可图。所以，营销人讲的巷战也好、大渗透也好，关键在于谁能够找到更加高效的触达渠道，谁能和渠道进行利益共创。

以上是基于消费品的假设，在生产资料类产品中，渠道也面临着精细化和下沉的问题：企业该如何帮助渠道更好地满足B端用户？

B端用户的实际要求不仅是购买一个产品，还需要很多的增值服务、技术服务，甚至还有买家的信贷服务。这些增值服务成了考验渠道升级能力的一个非常重要的因素。

在科特勒曾经的咨询项目中，有一家全球性化学和种植业公司。其分销渠道面临的挑战是：如何提升渠道增值能力，从而紧紧锁住客户。因为在大型化学品的分销过程中，渠道的利润是很低的，价值主要在产品。但是由于顾客的规模化以及多型号产品的灵活化生产，使得渠道的服务能力变得极为重要，同时也是重要的新增收入来源。

渠道的渗透不仅体现在品牌下沉，还展现出一种品牌升级的趋势。比如雪花啤酒在2021年推出了一款900多元两瓶的高端啤酒。与之相应，渠道也在不断精细化，比如它采用了大商（大型城市商业银行）策略和体验化终端。大商策略体现在渠道要有相当强的实力和能力，既能做品牌营销，又能提升集约度，反映了品牌升级和品牌下沉同时发生的现实情况。体验化终端是应对品牌和产品升级的，高价值的产品很难靠过去的普通终端售卖，而要靠体验化终端营造高级感，从而支撑高价值。

对于初创企业来说，最稀缺的就是资源，最应该抓住的机会是找到一个有红利、熟悉、有资源的核心渠道，将资源不遗余力地聚焦在这一个渠道当中，吃到渠道红利，吃透渠道规则，将渠道做深、做透之后再进行扩大。

对于处于高速增长市场中的成熟企业来说，如果有持续的现金流，企业规模比较大，而且已经有了几个渠道的布局和老顾客，并且也有有效的吸引新顾客的策略，那么我建议企业可以大力抢占所有能触达新顾客的渠道。在高速增长市场中，企业的核心任务是要极大地提高市场占有率。所以拓展新渠道是首要任务，通过布局新渠道挖掘和触达新人群，让新渠道成为企业主要的增长驱动力。

对于处于存量市场中的成熟企业来说，企业的核心任务是对现有顾客群的深入挖掘和交叉销售，并对现有顾客进行"老带新"管理，对现有顾客的终身价值进行经营。比如酒水行业、汽车行业、银行业、母婴行业、服装行业等，这些行业中企业的核心任务是巩固老渠道，增强渠道实力，扩大渠道规模，提升渠道效率以及渠道连接和经营顾客的能力。在存量市场当中，企业增长的驱动力是老顾客的复购，所以企业要抓住老顾客，进行向上、向下的交叉销售，做好"老带新"运营，这是增长最容易也是成本最低的方式。同时，企业还要注意品类分化和创新，发现新的市场机遇。

全渠道融合：打破渠道壁垒，实现价值共创

2019年—2023年，我们看到了渠道不断演进的一些重要趋势。

首先，渠道的数量和渠道的业态结构空前丰富。

从传统的超级超市、标准超市、KA卖场到连锁便利店等线下渠道，业态的高度分化和整合越来越多。新渠道在不断出现，比如线上的私域电商、社交电商、内容电商、兴趣电商，拼团团购、线下的O2O、互联网新零售、社区团购等等。线下的传统渠道数字化、店面数字化、货架数字化、产品一物一码数字化、顾客行为和顾客识别数字化，正在打通线上与线下的边界，也正在革新传统渠道。

薇诺娜的前身是云南第二大药企滇虹药业集团股份有限公司旗下的一个医学护肤品牌，于2008年正式推向市场。滇虹药业的主业是生产和销售皮肤临床常用药物，旗下拥有康王、皮康王等品牌。2011年，因薇诺娜业绩不佳，滇虹药业以30万元人民币的价格将其转让给合作的经销商云南贝泰妮生物科技集团股份有限公司。贝泰妮生物成立于2010年，2021年3月在深交所上市。

传统化妆品品牌需要不断上新，而薇诺娜的产品因为既是化妆品，也有药品属性，所以可以依靠几款核心产品在很长时间内支撑销售额的增长。因此，转让后的薇诺娜集中资源主推了几款核心产品。在其12个系列69种单品中，"舒敏系列"的产品对营业收入贡献高达四成。薇诺娜推出的专注敏感肌的三大王牌单品为：被称为

"舒敏CP（coupling，配对）"的舒敏保湿特护霜、舒敏保湿修护精华液，以及清透防晒乳。

在中国，有8000家公立医院设有皮肤科，其中薇诺娜覆盖并产生销量的医院有3000多家，三甲以上医院覆盖率在80%左右。薇诺娜的主要线下渠道包括非处方药专柜和医院。械字号产品放在医院的医疗器械类中销售。妆字号产品无法进入医院，就放在医院旁边的药店渠道或药店中的"自营专柜"售卖。

基于这些能够精准触达敏感肌群体的线下渠道，薇诺娜在微信端搭建了与线下专柜紧密绑定的电商服务平台——"薇诺娜专柜服务平台"，用来服务私域用户。这些用户主要来自线下，如医生和BA（Beauty Assistant，美容顾问）推荐，他们的皮肤问题比较严重，所以复购率高（2019年为53%）、客单价高（2019年为1830元）。

薇诺娜最初是在医生圈宣传，通过医生触达病人。后期，薇诺娜的渠道重心转移至电商，但是仍然保持着与医疗专业协会、医生的强绑定关系，将线下的典型案例转移到线上作为素材。并且薇诺娜也开始与头部主播李佳琦等达成战略合作，在"双11"预售阶段开展淘宝直播。从2019年1月到2020年6月，薇诺娜线上渠道的销售收入占比逐年提高，分别为76.7%和83.2%。

无论是线上还是线下，渠道呈现出了百花齐放、多业态结构和重构的过程，正在经历从提供简单的物流、分销、仓储功能变成多品牌、多品种的综合性营销平台。

其次，渠道和品牌的关系正在发生变化。

过去，在很多行业中，企业才是创造顾客价值的主体。在消费者购买的价格 100 元的产品里，绝大部分价值是由产品本身创造的。但是现在渠道在整个顾客价值创造的过程中扮演了非常重要的角色。今天的产品越来越强调品牌化和场景化体验，不再仅仅提供产品的功能价值。在这个漫长的过程当中，渠道接触到了很多全新的顾客触点，而这些顾客触点会影响产品受消费者喜爱的程度。

2016 年创立的雪糕品牌中街 1946，是由中街冰点提供生产和品牌授权，在上海诞生的"东北雪糕"。中街 1946 在上海、杭州、深圳和沈阳中街 1946 开了 40 多家实体店。其中有盈利的店，也有很多店铺被允许在经营业绩上有"计划内亏损"。中街 1946 的店铺包括品牌店、互动店、跨界店等各种店铺形式，打破了传统连锁加盟的"一张脸"模式，做出了千店千面，让消费者体验到这个品牌的不一样，并最终通过线下体验拉动线上销售。

2020 年，中街 1946 将原来的自有渠道进行收缩，用"借渠道"的方式维持线下配送体系。只在东北三省保留了 40 家左右的常态门店（该区域受季节影响小），上海地区保留了 12 个固定门店，其他店均采用流动的形式，根据季节在各大商场开设，保持旺季 15 家，淡季 5 家的规模。在"一线"和"新一线"城市，中街 1946 一方面依托盒马"店中店"的方式继续保留；另一方面以"中央厨房+外卖配送"的方式满足电商购买和及时性的消费需求。

除了消费端的渠道，2019 年，中街 1946 还在商业渠道做了尝试。比如以OBM（Original Brand Manufacture，代工厂经营自有品牌）的形式为渠道品牌定制产品，比如为IP及餐饮、茶饮企业研发、设计、生产联营产品，以此拓展消费人群，提升品牌声量。

如今，品牌和渠道正在共创消费者的价值，渠道不再仅仅是一个搬箱子、做配送、做分发的角色，更多地变成了营销商，和品牌开展更多类型的合作，承担起连接顾客和经营顾客的任务。这是我看到的第二个非常重要的趋势。渠道和品牌的关系在发生改变，对渠道的能力提出了新的要求。

最后，渠道正在打破过去的空间概念，融合时空。

现在不少网红品牌，无论是做乳液、做酸奶，还是做气泡水、美妆、服装都开始拓展线下渠道。一个重要原因是线上流量的限制；第二个原因是只有到了线下，才能真正被顾客看到、摸到、使用和体验到。以上这些品类大都在大流量、大消费、大赛道中，它们都致力于成为国民品牌。

当然，还有很多细分市场品牌的故事可能会有所不同，但是对线上和线下渠道的运营能力是所有企业必备的。无论企业是线下起步还是线上起步，最终在某种程度上都会在某一点相会。

比如母婴品牌Babycare基本上是从线上起步的，但当它不断发展之后，马上就面临着如何继续"破圈"的问题。线下渠道是毫无疑问的选择，Babycare开始进入到更多的"多品牌、多SKU"的母婴店，延续了持续不断的增长动能。反过来，再看"孩子王"这个品牌，它是从线下一个多品牌的零售综合体起步，逐步推出线上和线下联合的自有品牌的。

现今消费者购物、交付和体验服务是随时随地发生的。移动互联网、全真互联网、线上和线下的场景融合，使消费者的生活处在一种生活场景、购物、服务、娱乐"混搭"的状态。过去我们买东西是一种经济行为，要专门去某个目的地。今天，买东西变成了一种娱乐行为。空间被打破了，渠道就必须从原来的单一渠道转变为多渠道、全渠道、融合渠道。时空的打破与重合，呼唤着渠道的融合和数字化。

2003年创立的护肤品牌林清轩，以山茶花油为主要单品，以线下直营门店为主要销售渠道，发展了十几年。2020年疫情肆虐之际，林清轩迅速将渠道转移到线上。各地导购用数字化平台给顾客发新年问候，与顾客交流情感，解答疑问，传递修复"口罩脸"的理念和方法，利用各种途径寻找顾客的护肤需求与销售机会。截至2020年2月15日，林清轩业绩全面反弹，比2019年同期增长45%，线上业务占比超过90%。

今天，已经不再有新渠道和老渠道之分，甚至也不能完全按照线上和线下这样割裂的方法理解渠道。我们要按照顾客旅程的视角全方面地理解融合渠道，需要用全域流量算法思维理解渠道（见图5-4）。在全域流量算法思维中，线上渠道分为公域和私域两大部分。企业通过公域做拉新引流，比如借助KOL和KOC进行内容"种草"，或者通过投放程序化广告、展示广告等方式进行大规模获客；然后，企业要通过私域进行顾客关系沉淀和顾客持续运营，比如顾客一对一服务等。在全域流量思维下，线下渠道不再只是进行商品销售和展示的场所，企业还可以通过线下渠道向线上引流（门店客流私域化），或者使线下渠道成为线上直播或内容营销的素材（门店直播和服务），以及成为承接线上活动和销售线索的交付载体（线上购买线下履约）。

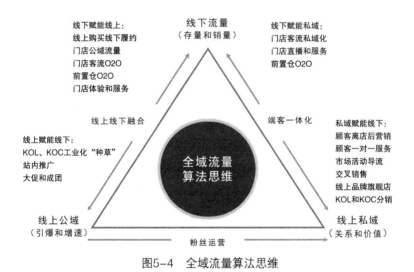

图5-4　全域流量算法思维

来源：科特勒咨询分析

　　渠道只是企业方面的说法。对顾客来说，是不分渠道的。顾客关注的是：在我想买的时候，随时随地能买到我想要的可靠的商品。顾客想要的是方便的、一致化的购物体验。所以站在顾客视角，希望渠道是融合的、便利的、可以让他获得一致化体验的、值得信任的。

对企业来说，就需要按照顾客的需求和视角打通5A顾客消费路径，打通线上线下私域，实现不同货品的统一经营。所以，不管渠道愿不愿意，都必须做到多渠道，最后做到融合渠道。

多渠道和融合渠道的差别是：过去，多渠道是"多盘货"[①]在不同的渠道当中，顾客体验也不一样；但今天有统一的视角、统一的行为、统一的标签、"一盘货"[②]来覆盖全部渠道的顾客，我把这种称之为融合渠道。融合渠道的好处是不会流失客户，能够让单一顾客的回报率最大化，在各个渠道实现顾客忠诚度最大化，而且让顾客对品牌和产品的认知产生高度一致性。

但是这很难达到，因为它不是自然发生的，需要做很多管理、组织、技术、基础设施上的一系列准备。比如，今天企业都在数据基础上做CDP，是为了要从各种各样的顾客触点、顾客数据源形成对顾客总体的认知，反过来还能触达顾客。有了CDP之后，企业还要做各种用户中台，给整个企业各个渠道、各个产品线的用户打上标签，形成人群细分，进而变成产品细分。

那么，为什么企业有了用户中台之后，还要做内容中台？原因很简单：用户中台做到了"千人"，而内容中台负责"千面"，合起来企业就能做到"千人千面"。让内容中台匹配不同渠道、不

---

① 多盘货指针对线上线下等不同的销售渠道，设置不同的商品库存。

② 一盘货指在物流和仓储等维度，实现线上线下联动，提升库存周转效率，降低物流成本。

同媒介，基于顾客行为分析、标签分析匹配产品，形成最优解，这是数字化的底层逻辑。

数字化起源于消费者复杂购物行为的变迁，如今消费者可以随时随地进行计划性购物、情绪性购物、场景式购物、社交性购物……这种购物的变迁让渠道无处不在。渠道的数字化实际上是一场企业的营销战略和商业模式变革，它不是简单地购买一些软件，做顾客数字化和线下店内货架数字化就能完成的。如果没有一整套基于数据运营，并和4P框架融合的数据驱动模式，渠道融合起来非常困难。

比如，直播是一个渠道，但是做直播会面临一个问题：如果企业不能形成一系列的转型，怎么平衡线下经销商的利益？有不少企业都是从线下起步的，现在做线上最头疼的就是"两盘货"怎么分，以及做了直播电商之后，怎样平衡线下区域经销商的利益。

今天，我们看到很多优秀的企业，无论是从电商起步做到线下，还是从线下的成熟品牌慢慢扩展到线上电商，最终都会交汇在同一点：实现线上、线下和私域经营的算法思维融合。企业不能再有所割裂，要有统一的系统，按照顾客在线上、线下不同渠道的消费路径提供连续的服务，从而让顾客获得完美的体验。

因此，品牌需要寻找和渠道合作的最佳颗粒度，包括乡、县、地级市等，并要打造击穿渠道障碍的"穿甲弹"（指赋能、营销和动销的方式）。渠道的压缩和延展正在同步发生，线上、线下社群的融合趋势已经确认。品牌需要找到和渠道合作的新模式，渠道和品牌需要共同努力走向新的汇合点，从而一起满足顾客的购物体验需求。

实战案例：AB客车如何管好全球经销商

你见过用7把钥匙才能进入的房间吗？

在刚进入委内瑞拉市场时，AB客车当地销售代表所住的房子竟然有7道门，需要7把钥匙才能进入。因为当地时常发生入室抢劫事件。

这只是中国企业最早出海时遭遇困境的一个缩影。由于德国、美国等发达国家的车辆排放标准远远高于中国，产品配套体系跟不上，售后服务就会跟不上。因此，中国客车的出海征途普遍起步于委内瑞拉、古巴这样的发展中国家和欠发达地区。

比如国内领先的客车制造企业AB客车，当时制定的海外发展战略是"农村包围城市"。避开市场门槛高的国家和地区，另辟蹊径，选择相对偏僻的市场进入。

然而，多、杂、散乱的偏僻市场也带来了不少意料之外的挑战。

海外市场试水折戟

AB客车原是一家地方国资企业，成立于20世纪60年代。

20世纪80年代，改革开放初期，很多人长途南下，到上海、广州、深圳等地寻求生计。当时的长途客车还都是硬座，长时间坐下来人会腰酸背痛，但是也只能忍着，除非乘坐火车卧铺。

AB客车的创始人率领当时的汽车修配厂抓住商机，为长途迁徙的人群专门开发了卧铺客车，一举将当时面临倒闭的汽车修配厂从"悬崖"边生生拉了回来。其开发的卧铺客车后来还被国家贸易部技术开发中心推荐为"中国名牌"产品。

1993年，经过股份制改革，该厂改组为"AB客车股份有限公司"，实现了从工厂制到公司制的跨越。1997年，AB客车在上海证券交易所上市，成为国内第一批上市的大客车企业。

2000年左右，中国汽车开始进军非洲、中东、拉丁美洲、东南亚等市场，掀起汽车"出海潮"，AB客车也不例外。2000年，AB客车与德国MAN（曼恩）集团合作，成立了MS客车有限公司，加快了国际化步伐。2003年，AB客车的XX6115H、XX6116HX、XX6790HG三台客车开赴俄罗斯圣彼得堡，开启国际化序幕。同一时期，金龙客车、亚星客车、安凯客车等中国客车品牌也"杀"进了海外市场。

但是，这又造成了一个尴尬的局面。市场是海外市场，但是在市场中同一价格带"厮杀"的主要玩家都是中国企业。为了争夺市场站稳脚跟，很快，价格战等恶性竞争手段被复制到了海外市场。也正是因为如此，导致中国客车品牌一度被打上了"低质低价"的标签。

作为国内客车企业的龙头，AB客车已经在国内通过直销模式树立了优质的品牌形象，却在海外市场被价格战打了个措手不及。

不跟着打，就无法抢占市场份额；跟着打，品牌形象还要不要？AB客车进退维谷，非常头疼。

品牌是一定要保护的，如果在欠发达国家和地区的市场中成为低端产品的代名词，以后还如何进军欧美等发达国家市场？客户脑海中一旦形成了"低端"的固有印象就难以磨灭。品牌从上往下拓展容易，从下往上提升将难上加难。

为了保护品牌，AB客车决定在海外市场复制国内的直销模式。只有将渠道和售后服务掌握在自己手中，可控性才会更强，更有利于把握质量，塑造优质的品牌形象。

然而，客车行业的服务链太长。由于欠发达国家和地区的市场分散、差异化明显，当地供应链和客户定制化要求较高，企业需要深度了解当地市场需求。同时，企业也需要有比较强的服务能力和持续维护能力。这些问题限制了AB客车直销模式优势的发挥。

在AB客车出海的第一站古巴市场，由于售后服务跟不上，第二年就有一部分车辆陷入停驶状态。2008年又赶上金融危机，AB客车一度在古巴市场面临信用危机。

因此，在2009年，AB客车决定从全球直销模式转换为"基于分销体系下的全球化市场营销"。"海外市场差异化的法律、产品和服务要求等，导致AB客车在海外市场需要更多地依赖经销商。包括在当地的认证、销售、服务保障以及配件等一系列相关工作，都要通过当地的合作伙伴来完成。"当时负责AB客车海外市场的朱经理表示，"然而，AB客车当时在国际化网络方面的经验是比较少的，其中牵涉到很多问题，比如经销商渠道建设、经销商开发、经销商管理等。"

简而言之，AB客车需要的是一整套全球经销商营销策略以及经销商管理体系。

构建全球经销商体系

在国际市场上，经销商不仅能够起到销售的作用，还能帮助企业调研当地市场、与当地客户更顺畅地沟通，并且可以与企业共担风险。但是，不同国家和地区的市场有着不同的关税、认证与技术标准、进口许可、政治经济环境、竞争格局和产品使用环境等，这对经销商营销体系的建立带来了很大的挑战。

AB客车一方面及时进行了内部组织调整，加强了海外销售部的职能建设；另一方面引入"外脑"，请来科特勒咨询团队为其出谋划策。

科特勒咨询团队首先对AB客车全球市场进行了全景扫描分析，按照不同市场的销售规模、销售潜力、合规要求，以及AB客车和中国汽车企业在当地的竞争情况等，与AB客车共同协作，最终将AB客车全球市场分成了三大类市场：战略性市场、核心性市场和机会性市场。

我们对这三类市场做了进一步细分，比如当AB客车进入该市场之后，如何建立经销商体系？作为进入国际市场的新品牌，AB客车面临的优质经销商竞争是非常激烈的，那么AB客车就要明白：理想的经销商应该是什么样的？最差但还能接受的经销商是什么样的？这需要根据AB客车对各个国家不同区域市场的差异化目标，以及不同经销商的服务能力、市场人脉拓展能力、资金能力等划分不同维度，组合设计以满足AB客车的市场要求。

企业在营销渠道布局的过程中，常常会忘记这样一个事实：顾客并不会区分品牌与经销商，对于顾客来说，经销商就是品牌、渠道就是品牌。因此，对于经销商的选择，需要既考虑自身实际情况和竞争局势，又要兼顾顾客体验需求。一般来说，甄别经销商的维度有：经商年限、其他产品的经营情况、成长与盈利记录、资金优势、合作态度和服务声誉等。

在市场调研的过程中，科特勒咨询团队发现，经销商因为能力不同，天然会分成不同的类型。比如俄罗斯的一家经销商很会卖货，关系很广，能够拿到政府和公交企业的大订单，拓展新订单的能力很强。但是这家经销商服务顾客和维护顾客关系的能力和意识都比较弱，导致售后服务屡屡出现问题。

而与此相反，AB客车在委内瑞拉和阿根廷的经销商则面临着拓单能力不强的问题。但是单子一旦拿到手，经销商维护客户关系的能力很强，客户复购率较高。

这就出现了两种类型的经销商：以新销售为主的"销售型"经销商和以服务为主的"服务型"经销商。那么，如何使不同类型的经销商能力互补，从而在整体上达到AB客车的销售和服务目标？

同时，AB客车当时还面临着经销商授权的问题。有些国家的独家经销商拿到代理权之后，并没有投入全部精力销售AB客车的产品，同时也会销售AB客车的竞品。如何识别和区分这样的经销商？如何进行适度的授权管理？

科特勒咨询团队为AB客车设计了渠道的基本模式（见图5-5）：车型排他经销+服务／配件一般经销。针对个别市场的差异性，允许有针对性地实施灵活的渠道模式。

① 保留AB客车直销的权力，比如在直销过程中经销商提供了帮助并实现交易，AB客车会向其支付佣金。

② 采用"车型授权"经销的方式，避免某细分市场经销商无力介入而AB客车又无销售权的情况出现。

③ 保留另找经销商的权力。

④ 服务和配件必须捆绑。

⑤ 意向经销商可以先签订合作备忘录，先行操作和结算，之后再根据情况授权。

⑥ 服务和销售的网络建设顺序根据特定市场情况而定，原则上必须先解决服务和配件的保障，才能获取整车经销权。

在当时建立常规渠道比较困难或者常规渠道对销售和市场发展并非最佳选择的情况下，AB客车有控制地采取了灵活的合作模式，比如有签订合作备忘录的过渡经销商、签订一般授权书的过渡

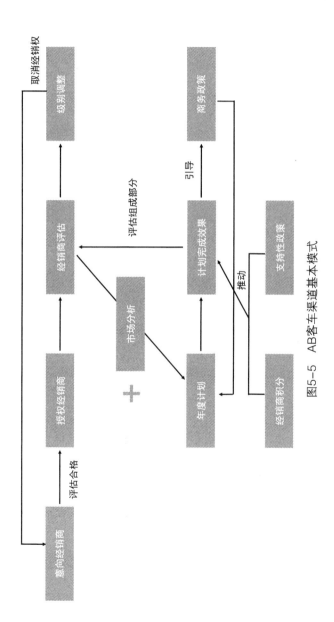

图5-5 AB客车渠道基本模式

经销商，以及特定项目的合作伙伴，甚至有保持业务合作的稳定意向合作伙伴等。然后根据市场发展、双方关系发展，再逐步完善市场渠道。通过将经销商按能力和业绩进行分层，科特勒咨询团队帮助AB客车顺利完成了全球经销商体系的整体构建。

细化经销商积分管理

品牌与经销商的关系看似"一荣俱荣，一损俱损"，但在实际运作过程中，受不同利益立场的影响，很多时候品牌与经销商之间是博弈的竞合关系。作为直接接触顾客的角色，经销商一般掌握着渠道的各种权力。为了更好地与经销商合作，品牌常常要采用各种奖惩措施来达到营销目标。

比如AB客车希望经销商能够及时反馈顾客的需求和报修信息，认真做顾客经营，联合品牌做市场推广活动。但是很多经销商都不愿意做，一方面是因为当时的经销商结构还没有调整，AB客车能够给经销商的支持有限；另一方面，经销商也担心泄露自己的核心商业机密，害怕AB客车会抛开他们直接联系客户。所以品牌和经销商的配合效果很差。

为了更有效地激励经销商，科特勒咨询团队为AB客车设计了经销商积分管理体系，以评价经销商的表现。比如经销商及时反馈了顾客信息和服务信息，就加10分；经销商推广了AB客车的活动，就加100分……经销商可以通过做AB客车所期待的行为来获得经销商积分，从而升级代理级别，获得更高的折扣返点，还可以用积分换取AB客车提供的市场经费补贴等。

　　早在2003年，宾夕法尼亚大学的Christopher Ittner（克里斯托弗·伊特纳）和David Larcker（大卫·拉克尔）就探讨了在金融服务企业中采用BSC（Balanced Score Card，平衡记分卡），采用不同的权重指标，增加财务指标权重，注重指标的客观与定量设计以减少主观性等。2009年，科特勒咨询团队将积分制管理应用于经销商管理中。2010年开始，中国营销学界开始重视综合运用KPI（Key Performance Indicator，关键绩效指标）和BSC来解决企业绩效管理问题。但积分制在实践中的大量运用还是近10年的事情。

　　图5-6为科特勒的经销商积分流程示例图，通过率先打造经销商分类管理体系和经销商积分体系，使AB客车实现了对全球经销商的严格分类和管理。

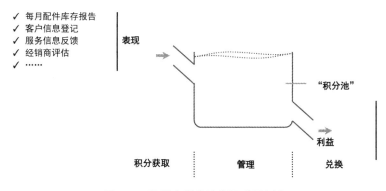

图5-6　经销商积分流程图（示例）

　　如今，这个项目已经过去了13年。如果在当下技术环境的支持下重新做AB客车的项目，我们会引进更先进的大数据管理系统，比如SCM（Supply Chain Management，供应链管理）系统，实现更多数据的实时交换，使AB客车感受市场的"神经末梢"更加敏感，从而实现柔性生产和备件。

这个项目已经时隔13年之久，数字化技术日新月异，但是经销商管理的本质和核心逻辑并没有改变，仍可为今天的企业借鉴。

技术只是手段，核心是对经销商的选择、激励和分立，其中的逻辑永不过时。这是一个复杂产品进入全球市场进行营销布局的完整案例，对于出海企业的深度全球化具有很强的借鉴意义。它涉及对不同国家、不同市场容量、不同购买偏好、不同市场竞争格局的分类，商业目标的考量，优先度市场的设定，以及对当地经销商进行选择、评估、谈判、管理、分工、激励和淘汰升级等一系列工作。这是基于顾客价值管理的全球营销体系，在今天依然非常有效，是已经被验证了的成功模式。

项目完成后，AB客车实现了国际市场份额和销售收入连续3年达到30%以上的增长，优质经销商比例提升。2011年，AB客车获得世界客车联盟"全球年度客车制造商"大奖。同年被国家统计局授予中国客车行业"十强"企业。2013年，项目结束后的第3年，AB客车顺利实现当初设定的目标：1/3的收入和利润来自海外市场。2020年，AB客车在海外市场已经形成非洲、拉美、欧美、中东、亚太、独联体六大区域的发展布局，覆盖120多个国家和地区，累计出口超7万辆，成为世界主流客车供应商。

第6章

战略性增长：品牌

这一章我们探讨一个既经典又新颖的永恒话题——品牌。说到品牌，每个人都会有很多切身感受，也都能谈出自己的感想，但同时每个人对品牌也存在不少迷思，对于"什么是品牌"这一问题，一千个人心里就有一千个品牌概念。

在移动互联网渗透率非常高的今天，随着媒介碎片化和个性化内容的精准触达，有人说品牌已经不重要了，因为现在的媒介缺乏大众媒体时代"广而告之"的效果，品牌打造已经不合时宜。我不同意这个观点，这种对品牌的认知才是短视和片面的。在数字化时代，品牌变得愈发重要，它是实现企业战略性增长的重要路径。

但是，品牌如何成长？品牌如何发挥作用？品牌如何影响企业和顾客之间的关系？希望本章的内容能够为大家带来全新的思路和视角。

新消费时代，品牌面临三大挑战

品牌和每个人的日常生活联系紧密，顾客不是品牌打造方面的专家，但一定是品牌选择方面的专家。在阅读本节内容之前，请读者先回答2个问题。

以下是6个品牌：

露露乐蒙（Lululemon）

安踏

苹果

小米

元气森林

可口可乐

第一个问题：请你用5分钟时间，写出关于每个品牌的6个事实。

第二个问题：请把你看到每个品牌名字的第一感觉，比如产生的感受或者情绪迅速写下来，尽量写出6个，也可以更多。如果实在没有感觉，就写"无感"。

在收集了很多人对以上问题的回答之后，我发现作为消费者，人们并非完全了解关于品牌的事实，而且对品牌的认知也因人而异，不同的人对同一个品牌的认知有着明显的差异。另外，消费者对于同一个品牌的感受也有很大差别。

这个小测试告诉我们一个道理：品牌其实是顾客心智当中的一系列的认知和感受。而且这种认知和感受极大地取决于顾客的身份、顾客消费的品类和产品、顾客和品牌在过去有过什么样直接或间接的接触……这些都会构成顾客对品牌的判断，形成品牌在顾客心目中的地位，以及顾客和品牌情感联系的强度。最终，以上种种都将影响顾客的选择偏好。品牌资产分布在每一个消费者心中，有着巨大的差异性，会随着人群、环境、时代等因素发生变化。

通过以上两个问题，我们亲身感受了"品牌"到底是什么。首先，品牌要有名称、专有名词、标识、符号等，它的颜色、设计风格、包装、店面体验等都需要与其他品牌有显著的差异，从而有一定的识别性，减少顾客的信息混淆，使顾客更容易做决策。其次，品牌要有价值。再次，品牌要有独特性——不一定是"人无我有，人有我优"，"更好"不如"独特"，独特性很重要。最后，品牌要与顾客有相关性。如果品牌很独特，具有差异性，也很有价值，但是和顾客无关，顾客也不会产生消费行为。

因此，美国市场营销协会对"品牌"的定义是：品牌是一个名称、术语、设计、符号或其他任何特征，可以将一个卖家的商品或服务与其他卖家的区分开来。

关于品牌的定义构成了顾客认知品牌的基础逻辑。读者可以盘点一下，看看你所在企业的产品、服务、品牌元素和体验，是否具有显著性、差异性、价值性和相关性。

知道了什么是品牌之后，那么什么是品牌资产？品牌资产是如何促进企业增长的？为什么每个企业都要打造品牌？因为品牌会改变消费者的认知、感受和消费行为，从而影响企业业务的整体发展。正如《营销管理》一书的合著者，著名品牌专家凯文·凯勒（Kevin Keller）所讲：品牌资产就是通过一系列长期积累的营销活动，在消费者心智当中构建的品牌知识，并且由品牌知识推动的差异化行为和差异化反应。品牌资产具体可以表现为品牌忠诚度，比如高复购率、高参与度、高推荐度等。高忠诚度的消费者会把品牌当成一种可依恋、可依赖的，自身不可失去的一部分。

如何判断一个品牌是否具有品牌资产？有一个非常简单的指标，当产品降价的时候，销量是否会飙升。降价是一种营销活动，这种营销活动是否激发了消费者的反应？如果降价了也没有人买，那么品牌资产就很弱。如果产品涨价了还有很多人抢购，毫无疑问，品牌资产是很强的。如果产品卖得比同类产品要贵，但依然能够拉动销售，那么品牌资产也是很强大的。

品牌资产是在产品的功能和使用价值之上的情感和价值观价值。顾客购买一个品牌的产品，购买的是两种价值：一是产品和服务本身所带来的功能性价值；二是拥有该品牌的产品或服务带来的情感性价值。

在功能性价值层面，大多数企业都可以做到，差别不是很大。除非企业拥有突破性技术或者规模效应，极大地降低了成本或提升了性能，这些不在本节讨论的范围之内。在大多数时间，大多数行业平缓发展的过程当中，企业产品功能性价值的差异是较小的。

在情感性价值方面，品牌为顾客带来了愉悦的情绪、归属感、价值观共鸣、信任等看不见摸不到，但是能感受到的价值，这些价值在顾客进行消费评估和决策时发挥了重要作用。

所以，品牌要通过有目的、有计划，匹配资源的、系列的、长期的、动态的、有高度的、聚焦的和结构化的营销活动，在顾客心智当中打造对品牌的认知，这就是品牌资产。品牌资产不是凭空出现的，它是企业创造溢价和高额毛利，进行持续研发和创新的根本性来源。

　　彼得·德鲁克说，企业存在的唯一的目的就是创造顾客。因此，脱离顾客谈品牌是没有意义的。而顾客又生活在大时代之下自己的小世界里。所以，理解品牌、塑造品牌的前提是了解时代变迁和社会生活变化及其对顾客的影响。这些变量将会直接影响品牌塑造的过程，并给品牌带来三大挑战（见图6-1）。

图6-1　品牌面临的三大挑战

挑战一：消费者代际差异

　　代际差异和人口结构有关，特别是中国人口结构的变化，非常值得关注。随着卫生条件和医疗环境的提升，人类的寿命越来越长。正如菲利普·科特勒先生在《营销革命5.0：以人为本的技术》一书中所说：人类历史上第一次出现了五代人同时消费的市场。

这五代人在消费动机、消费偏好和消费行为上的差异非常明显，但同时都会消费一些经典品牌、大品牌，也就是成熟品牌。品牌该如何既保持传承性，同时又和新进入的代际消费者产生联系，这是一个非常大的挑战。

一方面，成熟品牌在寻求年轻化、数字化变革，背后的本质是由于代际差异带来的挑战而产生的一种恐慌；另一方面，越来越多的成熟品类中出现了许多新兴品牌，它们抓住了垂直赛道中的独特顾客价值和新的定位机会，但是这些新兴品牌也产生了非常大的困惑。新兴品牌容易进行第一次尝鲜式的交易，但是如何将它们的产品真正融入顾客的生活，将产品转变为一种价值符号、一种理念、一种文化象征，这条路漫长而艰辛。

所以，代际差异的出现给企业创造了多元的机会，同时又带来了各种挑战。企业既要保持与品牌核心用户的长久相关性，又要不断接纳新用户。

挑战二：数字化与和智能化

咨询实战与学术研究的最大差异在于：咨询是问题导向的。在企业的营销战略咨询项目中，基本都有十分具体的问题和目标。譬如企业要解决增长问题、解决品牌老化问题、解决集团公司如何避免多元化折价实现市值提升问题。在众多问题当中，被谈论最多的就是数字化将如何成为区分成功企业和失败企业的分水岭。对数字化技术的拥抱程度和使用程度，很可能决定了企业的成功和失败，而数字化在品牌上的反应十分明显。

当顾客和企业进行连接时，顾客的行为和态度都可以变成数字被记录、被分析，顾客的需求和欲望都可以被深度理解，这将极大地冲击企业的经营模式，增加企业和顾客连接的可能性，从而给企业带来更多创造顾客价值的空间。

比如企业的数据平台、顾客接触到的媒介内容、顾客与顾客之间的联系、顾客与企业及品牌之间的联系变得空前丰富和多样化。数字化的平台产生了大量的数字化顾客和数字化内容，所以从品牌塑造方面来说，它已经从单一的基于调研设置品牌定位、拍广告片进行传播、设计品牌物料的"低速批处理"流程，变成了今天基于大量内容、顾客偏好，实时动态的"连续处理"过程。这突出了运营的重要性，是数字化带给品牌的挑战。很多经典品牌、大品牌和非数字原生品牌一开始很不适应，但现在也在不断地慢慢适应。

其中，不同行业和企业对数字化技术的接受和应用程度差别极大，切入点也不同。

例如，B2B企业数字化的切入点来自供应链上游、供应链优化、企业研发、数字化工厂等。B2B企业的数字化切入点叫作"上游价值"。

而偏消费品企业的数字化切入点来自供应链下游，即连接顾客、经营顾客、理解顾客消费行为，形成顾客的忠诚度，这叫作"下游数字化"。下游数字化为营销者创造了非常多的新机会，尤其是对于消费品企业来说。过去，企业做品牌要有货架思维，考虑消费者心智等；今天，数字化给企业带来了全新的、更多的货架。

如今，企业至少有8类"货架"可以触达顾客，为企业打开了多途径连接和经营顾客的空间。

第一类货架：平台电商，比如淘宝、京东、拼多多。

第二类货架：兴趣电商和内容电商。比如短视频平台，通过短视频聚集用户，实现产品的触达和销售。

第三类货架：小程序、微信私域等。

第四类货架：线下商超、连锁店和独立店。

第五类货架：外卖。比如美团外卖就连接了线上产品和线下顾客。

第六类货架：社区团购。社区团购正在从一个边缘性业态逐渐进入主流业态。

第七类货架：O2O新零售。

第八类货架：智能无人零售。

挑战三：消费两极化趋势

随着数字经济的发展，全球财富分配发生了很大变化。发达国家的"橄榄型"社会结构（中间存在大量中产阶级，两头分别是富人和穷人）正在被改变，"富有的穷人"大量出现（特指那些收入较高但是负债也很高，自由现金流低的中高端群体）。如果我们将今天的世界人口按照财富细分，整个社会结构其实呈现的是纺锤形（两头大中间小）。究其根源，是互联网数字化加剧了企业垄断和马太效应[①]。过去，中产阶级靠工资收入获得财富，但是今天由于股票市场、互联网市场的长期繁荣，拥有资产性收入的人群获得了比工薪阶级多得多的资产回报。

这种财富的极端化导致消费者的购买动机和购买标准也呈现出分级化。消费者并不是简单地趋优购买、越买越贵、消费升级，也不是简单的消费降级。财富差距导致消费出现多层次并存的现象，即趋优消费和趋低消费共存。这对顾客的购买行为、购买动机以及生活模式产生了影响，对企业打造品牌具有重要意义。

趋优消费是指消费者愿意花溢价去买非常重要的产品。趋低消费是指消费者会非常慎重地选择必需品。消费者在面对与自己的情感连接强、重视程度高的品类时，会选择性地对某些品牌的产品采取趋优消费，即他们愿意为品牌支付溢价。这些品牌往往代表了顾客对自己的认知，比如顾客的幸福感、社会地位、梦想或是兴趣。而在那些与顾客的情感连接比较弱的品类中，他们会趋低消费，寻求更高的性价比。根据传统的品牌观念，这些产品的品牌价值和品牌溢价比较低。

---

① 马太效应是社会学家和经济学家们常用的术语，它反映着富的更富、穷的更穷，一种两极分化的社会现象。

当顾客出现趋低消费和趋优消费并存，更加慎重地支配有限的可支配收入时，顾客的购买标准就发生了变化。品牌在顾客整个购买决策过程当中也会扮演全新的角色，发挥不同的影响力。

总结一下，今天的商业社会面临着3个重大的挑战：第一是代际差异，品牌面对着如何保持传承和耐心的挑战；第二是数字化、智能化使品牌面临如何和顾客建立实时的、连续的、共同创造品牌的挑战；第三是财富极端化带来的趋优和趋低消费并存的局面，品牌面临如何囊括不同人群的挑战。

应对代际差异挑战：乐高如何进行品牌革新

作为创业企业，品牌刚起步的时候，一定要抓住机会。因为企业规模很小，所以要先抓住机会再拼速度，提高自身的投资回报率。机会来源于哪里？也许是某种先进的技术，也许是某个平台的流量红利，也可能是发现的未被满足的顾客需求，这些都是机会。比如这两年"低碳水"饮食法、"国潮"很火，企业如果能抓住这些机会，有可能会一夜爆红。

但是，如果要真正把品牌做强做大，实现持续增长，让其成为一个真正融入顾客生活的品牌，企业就不能再聚焦于短期机会，因为这些机会会稍纵即逝。实现持续增长一定要靠趋势和系统。"国潮"背后的趋势是"国风"，是中华上下五千年的文化和审美回归现代生活场景和生活习惯。比如现在有不少企业做元宇宙、做数字藏品，这是机会，但机会背后的长期趋势是人工智能和Web3.0[①]。趋势不是短期的，而是长期存在的。

所以，企业战略一定要考虑所处行业的机会在哪里？机会背后的深度趋势在哪里？趋势和系统是构建强大品牌的根基。在洞察机会和趋势的基础上，企业要建立战略品牌管理引领下的营销增长体系。

乐高是一个风靡世界的玩具品牌。创立于20世纪30年代，其标志性的产品"模块积木"成为广受儿童欢迎的玩具。一直到2000年，乐高一直是全球五大玩具商之一。然而，从2002年开始，乐高的生意出现停滞，到2004年年初，乐高对外宣布重大亏损。乐高当时的CEO是创始人的孙子基尔德·克里斯坦森（Kjeld Kristiansen）先生，他决定更换新的CEO。新任CEO尤根·克努德斯托普（Jorgen Knudstorp）发现乐高业绩下滑的重要原因是乐高开始和其核心消费者脱钩了！这是怎么发生的？

从1998年开始，乐高就感受到了来自电子游戏、动漫手办、人偶玩具的挑战。根据乐高调研显示：孩子们的学业压力越来越大，越来越没有时间来玩需要大量时间搭建的乐高积木了。调研还发现，顾客有一种印象，只有没有朋友的孩子才独自玩乐高积木！也就是说，在消费者心中，乐高积木不再酷了，而且缺乏流行元素。

---

① Web 3.0一词包含多层含义，用来概括互联网发展过程中某一阶段可能出现的各种不同的方向和特征。

因此，乐高从1998年开始就推出了包括"海豹突击队"套装和电动玩具等上百种新产品，试图以流行、酷、互动、易于上手为核心特点。但是事与愿违，这些产品的市场表现并不好，直接导致了2004年的大亏损。乐高推出的上百种产品，没有一个能够成为它的战略大单品。

问题是不是已经很清晰了？新一代顾客的需求已经变了，他们开始追求刺激、互动，强调社交，喜欢更酷的玩具，真的是这样吗？如果只看到机会层面、快元素的变化，那么企业还是无法深入到问题的本质。

乐高的新任CEO沉下心来，开始做基本的系统盘点，确定了以下这几个关键问题：乐高到底是干什么的？乐高这么多年以来在核心顾客当中积累的品牌资产，以及乐高在顾客生活中的角色是什么？技术趋势不断发生变化，但是新任CEO没有过度倾向技术，因为大家都会关注技术。他思考的事情很少有人关注，比如乐高和顾客之间到底是什么样的关系？乐高的核心顾客是谁？乐高在顾客生活当中有什么样的意义？乐高是如何和顾客沟通的？

德国诗人荷尔德林（Holderlin）有一句非常著名的话："人，诗意地栖居。"这句话是在阐述人类不是绝对理性的，而是诗意的、感受的、体验的。所以，当顾客拿起乐高积木时，他的感受到底是什么？乐高为此调研了很多家长和孩子。这些调研让乐高穿越迷雾，最终找到了积木这种玩具对于孩子和父母的生活的意义，那就是：创造的快乐和成就感。更进一步的研究发现，孩子可以和小伙伴一起玩乐高积木，形成社交分级。甚至父母这一代也很爱玩乐高玩具。调研结果显示，乐高在目标顾客群中并不是一个简单的玩具，而是具有一种意义链。

大家做品牌的时候一定要特别注意寻找这种意义链。因为产品是冷冰冰的，品牌就是把这种冷冰冰的产品融入顾客情感和生活当中的桥梁。桥梁之所以能够构筑起来，是因为找到了意义。我们为什么要购买锤子？是为了锤钉子。为什么要锤钉子？是因为要建造或加固物品。为什么要建造或加固物品？因为需要安全感。为什么需要安全感？因为要保护家庭……我们为什么要吃糖果？是为了感受甜蜜。这种甜蜜可以带来什么？也许是开心……

这种问题可以一直问下去，一直往下挖到非常深的地方，这样就可以帮助企业深度理解品牌在顾客当中形成的认知、感受、情绪、形象、共鸣、依存等，从而发现各种机会。

回到乐高的案例。的确，很多孩子都开始玩电子游戏了，或者学业紧张没有时间玩乐高。但调研同时发现，还有很多孩子和父母是喜欢玩乐高的，他们喜欢用乐高积木进行创造，喜欢非常有价值的沟通，对于他们来说，这是人生当中特别真实的一种感受。那么乐高的问题就变成了："他们"是谁？"他们"在哪里？"他们"需要什么？即识别出价值顾客，并与其实现高效沟通，如表6-1所示。

表6-1　乐高的关键问题与认知

关键问题	原来的认知	修正后的认知
乐高关键问题是什么	如何重构增长	如何更好地启迪未来的建造者
乐高的核心顾客是谁	喜欢互动和时髦游戏的孩子	愿意花时间玩积木的孩子和父母
乐高为核心顾客提供的价值有哪些	刺激、能互动和很酷的玩具	创造的快乐和获得成就的骄傲
乐高如何交付这些价值	封闭研发	与顾客共创

2005年，乐高回归价值核心并启动品牌战略重整，提出了一整套品牌核心架构。如图6-2所示，乐高的品牌精髓是"一桶积木就是一套创新工具，想怎么搭就怎么搭！"品牌使命是"用积木激发

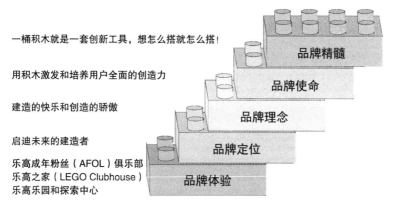

图6-2　乐高的品牌核心架构

和培养用户全面的创造力"，品牌理念是"建造的快乐和创造的骄傲"，品牌定位是"启迪未来的建造者"，品牌体验则通过乐高成年粉丝（AFOL）俱乐部、乐高之家（LEGO Clubhouse）、乐高乐园和探索中心来实现。

　　乐高强调培养孩子们的创造力，强调面向未来的、积极的品牌理念。所以乐高的很多IP产品不会涉及军事装备，不会带来负面情绪。积木大都采用活泼向上的配色，同时在用材上强调低碳、环保、安全。其强大的品牌理念指导了产品研发设计，这场变革非常成功，让乐高重新回到了增长的轨道。

　　乐高带给我们的启示是：品牌绝对不是一两句广告语，而是一个价值系统。战略品牌管理引领下的品牌增长体系包括品牌本质、品牌定位、品牌人设、品牌沟通、品牌识别和品牌呈现，这是一个系统工程。"怕上火，喝王老吉"，这是品牌定位吗？不是，这是品牌传播语。构建品牌的系统包括26个基本元素（见图6-3）。

　　这26个元素构成了品牌价值地图，品牌价值来自于企业对目标顾客群体是谁，以及其需求是什么的深刻理解。企业要围绕这些元素重新梳理和创造企业价值，更新品牌价值主张和品牌体系，然后把它们变成消费者能够感知、体验、传播、享用的产品和服务等，把理念的世界变成真实的世界。这就是我们称之为"7Ts"的框架（见图6-4）。

　　我们把过去的"4P框架"营销组合拓展和丰富为"7Ts"，包括产品、服务、品牌、价格、激励、沟通和分销。其中，品牌指

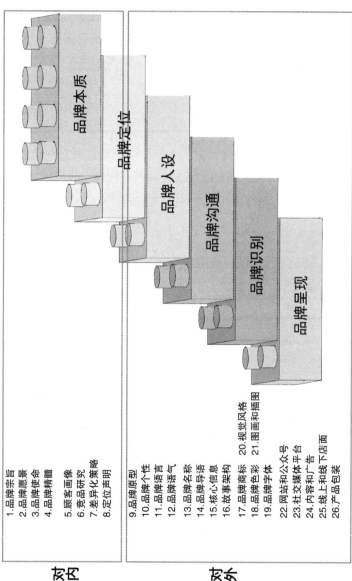

图6-3 构建品牌的26个元素

对内

1.品牌宗旨
2.品牌愿景
3.品牌使命
4.品牌精髓

5.顾客画像
6.竞品研究
7.差异化策略
8.定位声明

对外

9.品牌原型
10.品牌个性
11.品牌语言
12.品牌语气

13.品牌名称
14.品牌导语
15.核心信息
16.故事架构

17.品牌商标
18.品牌色彩
19.品牌字体
20.视觉风格
21.图画画和插图

22.网站和公众号
23.社交媒体平台
24.内容和广告
25.线上和线下店面
26.产品包装

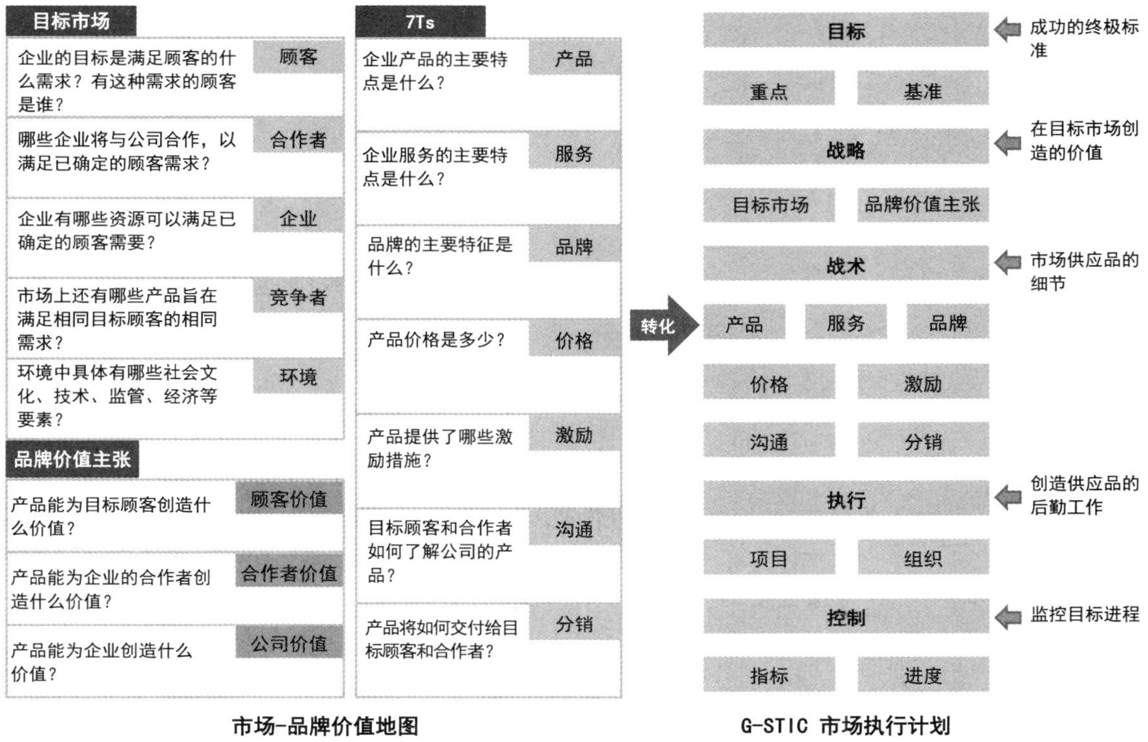

市场-品牌价值地图

目标市场		7Ts		目标		成功的终极标准
顾客	企业的目标是满足顾客的什么需求？有这种需求的顾客是谁？	产品	企业产品的主要特点是什么？	重点	基准	在目标市场创造的价值
合作者	哪些企业将与公司合作，以满足已确定的顾客需求？	服务	企业服务的主要特点是什么？	战略		
企业	企业有哪些资源可以满足已确定的顾客需要？	品牌	品牌的主要特征是什么？	目标市场 品牌价值主张		市场供应品的细节
竞争者	市场上还有哪些产品旨在满足相同目标顾客的相同需求？	价格	产品价格是多少？			
环境	环境中具体有哪些社会文化、技术、监管、经济等要素？	激励	产品提供了哪些激励措施？	战术 产品 服务 品牌	激励 分销	创造供应品的后勤工作
品牌价值主张		沟通	目标顾客和合作者如何了解公司的产品？	执行 项目	组织	监控目标进程
顾客价值	产品能为目标顾客创造什么价值？	分销	产品将如何交付给目标顾客和合作者？	控制 指标	进度	
合作者价值	产品能为企业的合作者创造什么价值？					
公司价值	产品能为企业创造什么价值？					

转化

G-STIC 市场执行计划

图6-4 市场-品牌价值地图与G-STIC市场执行计划

来源：《营销管理》第16版。

的就是战术层面的传播，比如广告语、品牌调性、品牌用语、代言人、各种触点视觉、logo（商标）、包装、品牌形象等。7Ts完全听从品牌价值和目标市场决策的指导，从而形成G-STIC［Goal（目标）、Strategy（战略）、Tactics（战术）、Implementation（执行）、Control（控制）的首字母缩写］市场执行计划（见图6-4）。比如企业的总体理念和目标是什么，如何通过组织、部门、岗位共同执行，如何检视、评估和控制完整流程等。这个框架的好处是可以将零散的品牌变成部门之间能够沟通的、可被溯源的、有结构化的系统。

迎接数智时代挑战：与消费者共创品牌角色

在过去的品牌范式中，企业大都认为品牌是一种心智资产，是一种经营的结果，是一种静态的企业资产。今天，品牌不仅是一种企业资产，更是企业增长的终极动力，是企业经营的核心。企业可以通过打造品牌拉动增长，而不是因为有了增长才成就品牌。

过去，企业必须大量地铺货、做广告，经过长期经营才能形成品牌。今天，存在一种新的可能性，可以通过经营内容、构建价值观、传递商业模式、要素品牌化等方式，快速地形成能让核心用户群产生共鸣的"品牌原型"，再通过核心用户群带动消费者聚集，快速形成第二波消费。

在数智化时代，企业必须学会与顾客共创品牌角色，比如成为

谦卑的陪伴者、真诚的创造者、善意的领导者、智慧的远见者以及
规则的改变者，从而引发顾客的深度共鸣，拉近品牌与顾客之间的
关系。通过构建长期关系，提升顾客生命周期价值。

品牌原型一：谦卑的陪伴者

这种品牌在确定品牌定位和品牌核心价值的时候，会非常注意
一点：把自己打造成一个从不张扬、从不争功，但对于顾客来说却
不可或缺的角色。典型品牌如优衣库、龙腾出行、友邦保险、白象
方便面、可口可乐等。这类品牌对顾客来说都是基础性的存在。作
为谦卑的陪伴者，品牌自身不会很炫、很酷、很出位，但是顾客没
有它又不行，顾客和品牌相处起来变得非常舒心、安心、没有压
力感。

品牌原型二：真诚的创造者

这类品牌有着发自内心的对于创造的渴望，它们是理想主义
者。品牌存在的价值就是为顾客而奋斗，为顾客带来新的、好的、
特殊的产品，而不是那些徒有其表的冒牌货。典型品牌如苹果、
Lululemon、华为、小米、端木良锦等。这些品牌有着非常强大的
创造者基因，拥有把产品做得杰出、极致、卓越的能力。

品牌原型三：善意的领导者

这类品牌在行业当中基本已经成为领袖，不仅是因为规模大，

而是因为值得尊敬。它们以创造社会价值和创造共享价值为使命，以产品和服务能够惠及更多的普通老百姓为最高目标和愿景。它们之所以能够成为领导者，是因为代表了善的力量，满足了最广大人民群众的利益诉求。典型品牌如宜家、丰田、万科、联合利华等。

品牌原型四：智慧的远见者

这类品牌的核心特点是帮助顾客穿越时间的迷雾，窥视未来。它们会为顾客带来全新的生活和工作方式，启发顾客看到世界新的可能性、新的维度和新的机会。典型品牌如谷歌、微软、阿里巴巴、IBM（国际商业机器公司）等。智慧的远见者往往会吸引一批对未来、对新技术、对超越当下、对如何能够不断接纳新生活有探索热情的人群。

品牌原型五：规则的改变者

这类品牌非常出位，往往特立独行，它们的价值就在于颠覆和改变。它们可以通过改变价值创造方式、定价方式、制造方式、使用方式、拥有产品的方式，甚至改变行业格局等等，最终极大地改变产品和顾客的使用体验。典型品牌如戴森、特斯拉、美团、大疆无人机等。

这5种品牌原型可以指导品牌设定目标人群、打造和创新产品、讲述品牌故事、构建商业模式等，帮助品牌更好地与顾客互动，构建长期持续的交易关系。

在数智化时代，消费者不再是品牌的受众或"粉丝"，而是成了品牌的共创者。在这种情况下，出现了4种有效的企业塑造品牌的模式。

模式一：价值观品牌

在今天这样一个变动的时代，顾客需要通过品牌激发内在更好的自己，对精神力量、价值观、可持续发展的呼唤才是根本性需求，顾客希望品牌对社会问题有自己的态度。品牌的价值观已经远远超出了广告传播和公关事件的层面，品牌要扎扎实实地用价值观指导价值创造，因为顾客最终是为品牌价值买单。

什么叫作"用价值观指导价值创造"？举个例子，The Body Shop（美体小铺）是做护肤产品的，这家企业在品牌创立之初就有一系列明确的价值观，比如坚决不用动物油脂作为核心原料；只雇佣本地人服务本地人，降低本地失业率，让更多的本地人融入本地经济发展；尽量采取本地供应链，而非全球供应链，以减少碳排放……这家企业的创始人认为，只有基于这些价值观打造出的产品和品牌才有意义。因为这个世界上已经有太多追逐功能性，追逐供应链效率的一般的、庸俗的、大众化的护肤和化妆品品牌，他认为The Body Shop没有必要再成为这么一家品牌，这样做没有任何意义。

可以说价值观重构了整个供应链，重新设计了产品配方、明确了传播目标和顾客诉求。当顾客知道他的购买可以让这个社会变得更加美好、更加环保，可以让很多弱势群体获得更多收益的时候，顾客会发自内心地感到幸福和开心，从而认可和忠诚于这个品牌。顾客的忠诚不是来自于产品功能，而是来自于对品牌背后的价值观、商业模式、品牌梦想的共鸣和深度钦佩。这样的忠诚度超越了任何肤浅的品牌定位。价值观品牌往往有着比一般品牌更加高的顾客忠诚度、更加低的顾客流失率、更加长期的顾客生命周期和更加高的顾客终身价值，它们最终都跑赢了竞争对手。类似的成功价值观品牌还有户外服装品牌巴塔哥尼亚（Patagonia）、YKK（Yoshida Kogyo Kabushikigaisha）拉链、使用环保材料的时尚休闲品牌欧布斯（Allbirds），以及联合利华（Unilever）等。中国企业，如宝武钢铁、三顿半咖啡、万科等正在积极尝试塑造价值观品牌。我真诚地期待中国能产生更多真正的基于价值观的品牌。

模式二：叙事型品牌

叙事型品牌来源于一段感人的、真诚的、独特的故事，基于故事为目标顾客展开一段难忘的、充满启发性的生活场景和工作场景，可以称之为"45度角"品牌，即顾客对品牌是仰视和崇拜的。在今天的数字化时代，顾客仍旧需要这种品牌崇拜。

例如，端木良锦是中国本地精致包装品牌，其创始人在日本奈良的正仓院看到了唐代精美绝伦的琵琶工艺后深受启发，创造了基于中国古典精致审美的箱包品牌。

首先，叙事型品牌要塑造故事的价值感。比如戴森创始人的故事、特斯拉创始人的故事都是如此。由于创始人对生活的不满意，由于创始人遇到了重大变故，他被迫或者偶然进行了一次产品创造，把自己的梦想或者要克服的困难、面对的挑战、初心注入产品之中，最终成就了解决消费者问题的卓越产品和品牌。像这种故事比比皆是。

其次，叙事型品牌还要有独特的仪式感。比如顾客去奢侈品店时，服务人员会戴上手套，像呈现瑰宝一样将奢侈品放在盘子上，端到顾客面前；顾客喝一款啤酒的时候必须在里面放上柠檬；喝某款饮料的时候必须摇一摇；使用某款包的时候必须洗三次手……这些都是为了制造一种仪式感。

最后，叙事型品牌还要带来戏剧感。在线下零售店，品牌要搭建体验式场景，把品牌叙事的调性通过戏剧化体验植入到顾客心中，让顾客能够感受到超越产品使用价值的独特体验。

模式三：场景品牌

在移动互联网时代，顾客的需求除了按照品类划分，还可以按照场景划分。在场景当中解决顾客问题，让场景和品牌进行连接，这就构成了场景品牌。

成为场景品牌必须具备3个要素。一是深刻理解场景任务是什么。因为每一个场景中顾客要完成的任务都是不一样的。二是必须界定核心产品场景和品牌在场景下的独特性，即场景最独特的、必须完成的任务或者最差异化的点在哪里。三是将场景和品牌连接起来。在任何场景中，顾客都有一些标志性事件和关键任务，场景、顾客任务和品牌应该如何连接？

比如针对C端的预制菜，即饮、即烹、即食，如何打造品牌的使用场景？因为预制菜在B端的场景非常明确，既是应用也是刚需，客户主要在各种餐厅、食堂、宾馆。这些半成品菜经过集中配送，能提升安全性、新鲜度和品质可控性，降低前端的复杂性。但在C端，预制菜要打造出场景品牌，就必须回答这样一个问题：在什么场景下，C端顾客会吃预制菜？

2022年，精致露营和飞盘非常火，这些过去的小众户外运动，在今天成了城市里年轻中产的必备户外活动。基于这些场景已经催生了很多新品牌。品牌打造精致露营相关的产品时，要考虑产品为顾客提供的是丰富的体验和表达自我的机会，人们去露营，是为了拍照和体验。

一天24小时的生活，可以被划分成很多场景。当我们能够跳开品类思维，进入场景思维的时候，你会发现打造品牌的空间和机会会变得非常多。

模式四：要素品牌

要素品牌和B2B企业相关。要素就是产品生产当中的关键零部件、关键材料、关键技术。要素品牌是企业核心要素和厂商、产品之间进行协同联合营销，凸显产品的差异化和独特性。

其实要素品牌早就存在了，比如英特尔（Intel）。在英特尔启动"intel inside"（内含英特尔）计划之前，大部分终端用户并不了解PC（Personal Computer，个人计算机），不知道如何选择产品，他们只需要一个简化的评判标准来帮助他们做出购买决策。英特尔以如下方式逐步将自己打造成了要素品牌（见图6-5）。

通过以上举措，英特尔使顾客相信只要找到"intel inside"的标志，就找到了最先进、最可靠的芯片技术，同时也意味着这是最好的计算机。最终，这个计划让英特尔实现了以下3个目标：第一，区别于竞争对手的产品；第二，在终端顾客心中建立了强大的品牌形象，同时限制了PC生产商在终端顾客心中的影响，最终提升了PC生产商对自己的依赖度；第三，常年的市场份额超过80%。要素品牌为消费者带来了额外的信任感，并且给使用要素品牌的产品也带来某种独特性和价值感。

要素品牌有着广泛的实践。成功的要素品牌还有：Doldy（杜比）、GORE-TEX（戈尔特斯）、Leica（徕卡）、On Star（安吉星）等。

应对消费两极化挑战：以高价值品牌驱动营销增长

在生活中，我们经常会遇见这样的误解：将高价值品牌或高端品牌理解为高价格品牌。

事实上，真正的高端品牌是"去高端"化的，因为"高端"是个社会性概念，不能自己说，要别人说。那些真正的高端品牌从不

面向消费者的营销

- 英特尔在1991年推出了一系列营销活动，其中包括更换公司商标，推出intel inside计划，以及制作平面广告与电视广告。

市场开发基金

- 为顺利推动intel inside计划，英特尔将PC生产商的市场开发基金依其购买CPU的数量而决定的，因此当一个PC生产商需要更多的广告费用补助时，就必须增加其订货量，这也带动了英特尔的CPU销量。

与厂商合作营销

- 英特尔和PC生产商合作，只要PC生产商在产品的平面广告、电视广告中露出了intel inside的画面，英特尔就会补贴该PC生产商广告费用。

贴标签运动

- 英特尔在终端顾客心中建立了较为积极的形象之后，需要通过提升顾客对英特尔的偏好，进而带动PC生产商的订单。而大部分顾客虽然知道英特尔，却不知道哪些PC内置了英特尔的芯片，于是英特尔发起了"贴标签运动"。PC生产商在产品的包装上印上intel inside的标志，也可以获得英特尔的补助。

图6-5 英特尔如何打造要素品牌（示例）

来源：科特勒咨询分析

刻意标榜自己是高端的。为什么？因为他们的高端已经不需要王婆卖瓜自卖自夸了，而是消费者实实在在感受到了品牌产品的高端，已经形成了社会共识。

什么是高端？高端是引领、是启发、是科技、是共创、是探索、是超越、是关爱、是归属。"高端"这个词更像是一个框架，我们可以从里面细分出很多感受，而这些感受才是高端品牌需要通过产品、服务和体验传达给消费者的。只把高端的概念加入品牌传播，把高端的标签贴到产品和服务上，本身就是极度不自信和不高端的表现。企业自己都不自信，又怎么能让顾客跟随你成为更好的自我，实现更好的社会？

凡是在广告中打上"高端"二字的，几乎都是值得怀疑的"伪高端"产品。因为高端不高端是由顾客定义的。品牌因顾客而高端，而非因企业而高端。品牌不属于企业，而是属于顾客的。真正的高端品牌是企业与顾客共同创造的，品牌从来都是分布式资产，分布在顾客的心中。

如何与顾客共创品牌？如何塑造高价值品牌？主要有3个基石（见图6-6）。

第一个基石：高效果

代表品牌的产品和解决方案必须可以低成本、高效率地解决问题，其中包含了效率和效能两个概念。无论顾客购买产品还是服务，最终寻求的是解决问题的方案。

图6-6　高价值品牌的3个基石

第二个基石：高可靠

品牌要非常可靠，让顾客形成"不知道如何决策的时候，买这种品牌最安全、最保险"的思维。可靠和信任来自于长期关系，来自于品牌对顾客价值、科技创新、服务交付、供应链持续地投入和不懈的追求，来自于企业文化和对顾客的承诺。

第三个基石：高感动

高价值品牌必须要创造高感动，高感动可以是情感之间的连接，也可以是更高维度价值观的共鸣和惺惺相惜。产品是冷冰冰的，但当产品和品牌结合之后就变得有温度了。一个冷冰冰的产品是无法融入生活的，而品牌可以融入生活，成为生活当中的一部分。所以，企业要把冷冰冰的产品变成有温度，能够激发自我，让顾客成为更好自己的重要工具。

高价值品牌要做到高效果、高可靠、高感动。高效果来自于高效的解决方案，能提高顾客的投资回报率。高可靠来自于持续不断的承诺和服务。高效果和高可靠为顾客带来的是功能性价值，而高感动则带来了情感性价值，包括心灵的慰藉和滋养。

高价值品牌的产品之所以能够拥有很高的溢价，很多时候就是因为它创造了高效果、高可靠和高感动的组合，进而产生了强大的经济价值。也就是说品牌能为顾客创造更多的经济回报，更高的ROI，最终通过绩效、信任以及喜爱，共同构建了高价值品牌。

企业要实现战略性的增长，从品牌的角度来说应做到以下3点，它们共同构成了品牌增长的逻辑三角（见图6-7）。

一、高纳新

当品牌进入一个新市场，要比竞争对手更有效、更快速、更低成本地获取目标顾客。首批顾客一方面来源于品牌知名度，另一方面来源于流量购买或内容营销等运营手段。但长期持续的高纳新一定是来源于品牌知名度的提升。

一些新兴品牌，比如江小白、奈雪的茶、元气森林等，没有一个是花大量时间打广告，做线下传播的。它们之所以能够快速兴起，是因为会讲故事，通过讲故事塑造品牌内容，然后通过网络口碑传播形成纳新。

过去打造品牌首先要打广告、铺货，在卖出很多产品之后，顾

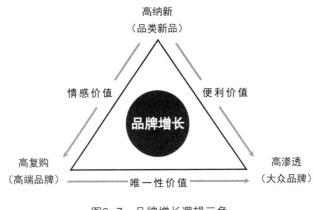

图6-7 品牌增长逻辑三角

客才会慢慢地形成对品牌的认知。在今天的数字化社会，打造品牌的逻辑已经不一样了，品牌首先要塑造一个高势能的认知和故事，然后形成口碑效应。过去的品牌是长期经营的结果，今天打造品牌是企业的经营手段，可以帮助企业快速成长。

二、高复购

对于高端品牌来说，因为获客成本很高，所以增长的核心逻辑应该是高复购。高端品牌单价高、复购周期长，所以顾客终身价值是高端品牌实现增长的核心。要想尽办法留住价值顾客，因为他们才是品牌最重要的资产。

顾客终身价值是每个顾客未来可能为企业带来的收益总和。很多大型企业都会给自己的终身顾客定价。比如星巴克为自己的终身顾客定价1.4万美元，雷克萨斯估测自己的一位顾客价值在60万美元以上。

菲利普·科特勒在经典著作《市场营销：原理与实践》（*Principles of Marketing*）一书中，曾经用了一个经典的小故事来解释什么叫"顾客终身价值"。一位经营连锁超市的老板在美国2个州拥有4家分店。他说，每当他看到一位生气的顾客，就好像看到了5万美元从他的商店"飞"了出去。

为什么？因为他的顾客平均每周消费100美元，如果按照一年50周来算，一位客户的生命周期为10年，当顾客转而选择竞争对手的超市时，自己的商店就会损失大约5万美元的收入。如果这位顾客还将负面口碑传播给了他的家人或者邻居，那么超市的损失又要多好几倍。所以，为了保证顾客的回头率，这位老板创造了一种新的经营模式——"店中迪士尼"，包括化妆的卡通人物、宠物乐园、动漫人物以及定时的娱乐活动。时至今日，这家连锁超市每周服务的顾客要超过30万人。

那么，如何提升顾客终身价值？我们可以通过优化5A顾客消费路径模型中的各个环节来实现，通过提高顾客认知度、喜爱度、参与度，来提高转化率，最终提高推荐率和复购率。

三、高渗透

高渗透是指品牌的分销密度、订单密度都比竞争对手要高，顾客在任何地方都能买到这个品牌的商品。就大众消费品类而言，顾客很少有较高的忠诚度，那么便利价值反而更为关键。很多大众消费品类，比如可乐、汽水、休闲食品等，这些其实不是那么重要的品类。如果不做广告，消费者就会忘掉。在全中国740万个终端当中，如果一个品牌进入了680万个终端，那么它就属于大众品牌。大众成熟品牌最大的价值在于高渗透，特别是在快消品领域。

具体在营销策略端，品牌要实现全渠道深耕。以前，很多初创品牌都是采用单一渠道，比如依靠线上的平台电商，而现在除了平台电商，还有内容电商、兴趣电商、独立站、私域、小程序、社区团购等，品牌还可以拓展线下渠道，比如大型商超、会员店，以及打通线上线下的O2O新零售渠道等，最终实现全渠道深耕。

从品牌1.0到品牌4.0：品牌价值的奥德赛[①]

如果把品牌当成一个生命体来看，我把品牌的发展分为4个阶段（见图6-8）。这4个阶段代表了品牌塑造的主要方法以及品牌的商业价值。需要说明的是：从品牌1.0到品牌4.0并不是一个线性迭代的过程，而是一个根据市场发展不断匹配的过程。并不见得品牌3.0就比品牌1.0强，只是侧重点不同而已。

---

① 《奥德赛》是一部古希腊史诗，讲述了奥德修斯艰难的海上归乡历程。后世用"奥德赛"一词形容漫长而艰苦的历程。

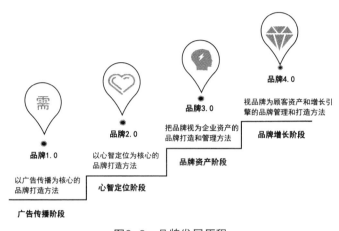

图6-8　品牌发展历程

品牌1.0：广告传播阶段

广告传播阶段以大规模传播品牌广告为主。消费者会通过品牌形象、品牌个性识别品牌产品。谁的声量大，谁的广告做得好，谁的广告能够充分展示形象，充分展示品牌个性，和消费者形成共鸣，谁就能够更有机会成为更好的品牌，能够和消费者建立信任，进而成为被优先购买的对象。品牌1.0时代起步于20世纪60年代初，它的特征是结合了大众传媒的发展，这一阶段的品牌打造的核心是品牌形象和品牌个性。

品牌2.0：心智定位阶段

随着竞争越来越激烈，同类产品差异化越来越小，消费者越来越难以仅仅通过形象和产品功能区分品牌和非品牌，这个时候就进入了品牌2.0时代。标志是定位理论的提出。在品牌2.0阶段，企业强调的是广告的增效，要使用"语言钉、视觉锤、情感矛"，品牌2.0阶段的实质是抢占顾客心智，独占顾客心智中一个非常有意义、差异化的位置。

品牌3.0：品牌资产阶段

当"产品稀缺顾客过剩"变为"顾客稀缺产品过剩"时，如何获得新顾客、保留老顾客变得极为重要。品牌是解决这个问题的关键，品牌成了企业连接顾客和塑造顾客价值的一种范式。具体而言，品牌是通过一系列精心策划和实施的营销活动，从而让消费者对品牌产品产生独特的偏好，以此获得新顾客、品牌溢价、提升顾客忠诚度。因此，在品牌3.0阶段，品牌成了和专利、资本等一样重要的企业资产，品牌可以帮助企业扩张和增值。品牌3.0阶段的品牌从营销传播、品牌形象、心智定位进入到了企业资产范畴。每年，各大研究机构和权威媒体的品牌价值评估和"品牌排行榜"就是品牌资产化的写照。

品牌4.0：品牌增长阶段

随着数字技术的发展，顾客和企业之间的边界开始发生变化，进入一种企业和顾客共创的时代。在品牌4.0的阶段，品牌是顾客资产而不是企业资产。品牌不是一种静态的心智资产，而是一种增长引擎。品牌是和顾客共同成长的。

读者需要特别注意，从品牌1.0到品牌4.0，是顾客价值和品牌价值不断演进的奥德赛。过去，一个品牌的崛起常常需要花费10~20年。而现在，有很多品牌用了3~5年就迅速崛起，这让人产生了一种"品牌变得好打造"的错觉。而随着流量红利的消失，大家又会觉得品牌不好打造了。事实上，这两个看法都不准确，我们不应该走到两个极端的观念里。任何一个能够跨越周期并且能成就品牌的企业都有一个共同点，那就是抓住了"一个核心，三个基本"。

"一个核心"是指核心顾客。"三个基本"是指企业的基本盘、基本功和基本款。

首先，基本盘包括企业的核心市场、供应链、主销产品以及研发。基本盘构成了企业持续发展最基础的现金流和最核心的顾客连接触点，决定了企业的成长底线。在这里我想着重强调一下研发。在所有的竞争当中，能让企业真正胜出的核心点，最后都会落到企业是否拥有比竞争对手更卓越的产品上。价值差异很多时候就来自研发、制造和价值链管理，这在当今的数智化时代尤为重要。特斯拉、苹果、华为、比亚迪、戴森等著名品牌的价值基本盘就是卓越的科技创新和严谨的供应链管理。读者可以想想为什么预制菜行业鲜有高价值品牌？答案就是基本盘不稳，急于求成。研发和价值链管理都是需要下苦功夫的。

其次，对消费品企业来说，做好品牌和渠道是两个特别重要的基本功。不断打造品牌，并且从单一媒介和渠道突破，变成全域运营和全媒体塑造是非常重要的。现在很多新消费品企业都是先抓住平台变化、媒介变化的机会，找到一些成熟品牌没注意到的超级细分品类，通过外观包装、内容叙事、平台投放等，成为爆款，但其实它们都还没到真正的品牌阶段。真正的品牌需要全渠道构建，要让消费者第一次买了这个品牌的产品以后，愿意持续复购、溢价购买、推荐朋友购买。只有真正融入消费者生活，才可以称之为品牌。

最后，基本款就是"战略大产品"。品牌要守住核心人群和价格带。特别是在不确定性空前的"乌卡时代"[①]，基本款是决定企业规模和触达顾客的前提条件。

在品牌4.0阶段，指导企业进行品牌塑造的是8个有价值的理念。

1. 品牌不仅是结果，而且是增长的动力。

品牌不仅是最终经营的静态结果和顾客心智认知，而是一种企业资产，是基于顾客关系带来增长的深度动力。经营企业市场实际上就是经营品牌。

2. 品牌打造越来越依靠内容和运营，不再仅仅是广告。

品牌对顾客的关系和价值不在于告知顾客产品属性，而在于通

---

① 乌卡时代即VUCA，volatile（动荡的）、uncertain（不确定的）、complex（复杂的）、ambiguous（不明朗的）首字母的缩写。乌卡时代是指我们正处于一个易变、不确定、复杂、模糊的世界里。

过创造让顾客喜欢、更好表达自我的内容，从而和顾客形成联系。企业对顾客的影响不再是"洗脑"，而是潜移默化的影响，并通过内容创造价值。

3. **品牌不仅寻求被仰视，更要成为顾客的朋友，品牌要真实，不要装！**

受数字化的传播环境影响，品牌和顾客走得非常近。离消费者近的品牌比那些离消费者远的、高高在上的品牌更容易走进消费者的内心。品牌是一种情感，是一种陪伴，更是一种基于真实的信任。

4. **品牌是超越产品的，产品是对品牌梦想的致敬。**

产品的生命周期永远小于品牌的生命周期，"铁打的品牌，流水的产品"。品牌是一个价值承诺，企业要用品牌来指导产品，不断通过产品致敬品牌。

5. **品牌需要关注社会价值，成为价值观的守望者。**

品牌只有通过对社会事件积极发声、参与，才能够和顾客以及忠诚顾客形成深度共鸣。价值观深度共鸣带来的忠诚度才是品牌的长久价值。

6. **品牌要成为新关系和弱关系的构建者。**

品牌通过产品、服务和企业营造的各种场景，让顾客能够结交更多志同道合的朋友，了解更多品牌知识和生活乐趣。品牌在连接顾客的同时，也帮助顾客实现了与其他顾客之间的连接，这样的生态型、综合型连接让品牌的黏度更强。

7. 品牌不属于企业，而属于顾客。

企业生产产品交付给顾客，但品牌真正发挥作用是在顾客进行选择和价值判断的一瞬间。顾客为什么选择溢价购买企业产品？是因为在顾客心中品牌不属于企业，品牌是属于消费者的一种分布式资产。

8. 品牌给顾客带来新的启发、乐趣和兴趣。

一个新创品牌能够进入顾客的视野，原因是品牌为顾客的生活、工作带来了全新的、与众不同的感受。品牌必须给顾客带来新的功能、新的启发、新的乐趣和新的兴趣，让品牌成为顾客生活的一部分。

从品牌1.0到品牌4.0，品牌的根本逻辑没有变，品牌本质上是兑现对顾客的价值承诺，是企业经营的所有结果留给顾客的印象总和，代表了顾客和企业的关系，代表了企业承诺给顾客要交付的价值。

企业的核心使命是创造顾客，企业创造顾客的手段就是打造强大的品牌，让品牌成为顾客价值的守望者。

品牌驱动增长的路径

品牌驱动增长的路径有多种，其中以下4种值得特别重视（见图6-9）。

── 路径 **1** ──	── 路径 **2** ──	── 路径 **3** ──	── 路径 **4** ──
创新子品类：通过技术和体验创新，垄断新的子品类，打造品类品牌	品牌延展：通过将品牌价值延展到更多品类从而实现增长	提升顾客终身价值：提升品牌与顾客之间的深度关系和顾客的转换成本，以及品牌对顾客的服务时长	高效获客：品牌通过圈层共鸣、粉丝口碑和转介绍高效获得超速增长
举例：啤酒行业（从工业啤酒到生啤到精酿啤酒）、戴森（无袋吸尘器）、雀巢（胶囊咖啡）、特斯拉（电动汽车）	举例：元气森林推出更多类型的饮料、抖音销售自有产品、小米制造汽车	举例：房子、金融产品、保险产品、母婴产品等	举例：小美炒菜机、三顿半咖啡、小布自行车，以及精致露营风品牌

图6-9　品牌驱动增长的4个重要路径

路径一：创新子品类

品牌带动增长的首要来源在于品类的创新和细分扩展，也叫作创新子品类。通过技术和体验创新并垄断该子品类，进而成为品类品牌是大多数成功品牌的必然路径。

例如啤酒行业。纵观整个啤酒行业，主要的增长都在于品牌创造出了新的啤酒子品类。比如从工业啤酒到生啤，生啤给啤酒行业带来了一波增长。生啤催生了精酿啤酒，精酿啤酒又给啤酒行业带来了新一轮的消费升级。同样，酸奶行业迈入千亿级市场的里程碑事件也是子品类创新：从低温酸奶扩展到常温酸奶。

创新子品类的增长方式比较适合成熟品类。例如食品饮料行业、服装行业等。子品类创新的前提条件是必须找到支撑创新的核心顾客、核心场景和核心技术。

比如吸尘器品牌戴森，它的增长非常快，为什么它能够崛起？因为戴森用5代吸尘技术创造了一个在真空吸尘器领域的全新子品类——无袋吸尘器，通过垄断品类实现了增长。再看一看雀巢的不断增长，在竞争如此激烈的咖啡领域，它的增长同样来自于不断进行子品类创新，比如推出胶囊咖啡等产品。电动汽车品牌特斯拉同样如此。

路径二：品牌延展

当品牌已经成为市场中的强势品牌后，可以将顾客对品牌的信任、品牌调性、品牌核心价值等迁移或赋能到更多的品类当中。结果就是品牌结构扩充和品牌"骨架"拉大，从而带动新兴品类和产业的销售，这是品牌推动增长的经典路径。比如宝洁依托其著名的洗衣粉品牌"汰渍"进行品牌延伸，先后成功推出了洗衣液产品线，以及更具创新性的洗衣珠新产品线。同样，元气森林不断推出更多类型的饮料，抖音开始销售自有产品，小米开始制造汽车，等等。

品牌延伸是品牌资产对增长的赋能，通过品牌之桥，顾客爱屋及乌，可以帮助企业进入更多产品领域，从而带动新兴品类销售。品牌延展的增长方式比较适合快速增长的行业和繁荣的市场环境。

路径三：提升顾客终身价值

如果说子品类创新、品牌延伸是外延式增长，那么顾客终身价值的提升就是内延式增长。通过深度挖掘既有顾客的价值，使其更愿意高额购买更多的企业产品，并让企业积极更新升级产品，为顾客服务的时间越来越长，将这些价值进行加总，就可以提升顾客终身价值。

顾客终身价值体现在以下3点：一是顾客对品牌服务的高度依赖性；二是顾客拥有比较高的转换成本；三是品牌和顾客的自我形象高度相关。这三者能极大地提升顾客忠诚度，也是品牌驱动增长的关键。

顾客终身价值的增长方式比较适合客单价高、复购周期长、购买复杂的产品。例如房子、金融产品、保险产品、母婴产品等。

路径四：高效获客

高效获客就是比竞争对手更低成本、更快速、更精准地获取目标顾客。从天使用户、早期用户、主流用户，品牌构建了一个层层拓展、圈层共鸣的拉新体系，通过粉丝口碑和转介绍能够获得更多低成本的顾客。

今天，行业竞争异常激烈。比如家居装修、医美、植发等行业，想要获得一个新顾客可能需要几千元甚至过万元的成本，因为企业要靠投放广告，支付高额的中介费用去获客，为什么？主要原因就是没有品牌，没有忠诚顾客，没有形成顾客转介绍的链路，没有形成顾客资产。所以，品牌企业、有忠诚顾客的企业，在做营销时是有很大杠杆的。

小美料理机是一个会自动做饭的产品，一个满意的小美料理机顾客会带来好几个新的用户。三顿半咖啡通过咖啡回收计划，吸引了非常多认可其价值观的顾客，带了很多二次传播机会。2022—2023年，精致露营很火，因为它具有展示性和独特的体验，顾客如果对品牌满意，就会自发进行口碑传播，自己写文章、晒图、分享。很多顾客都愿意购买小布自行车，因为它带来了精致的生活感和展示社会身份的机会，所以它的获客能力也很强。

在科特勒，我们用一个"品牌增长公式"来连接品牌战略和营销战略，把品牌资产的驱动力分解到增长动力和营销策略层面，如图6-10所示。

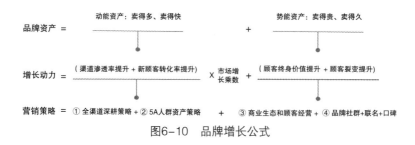

图6-10　品牌增长公式

第一步：品牌资产分解。

首先，品牌资产可以按照其驱动企业营收增长方式的不同分为动能资产和势能资产。动能资产拥有"卖得快、卖得多"的能力，可以驱动产品销售、推动产品进入新市场以及进行渠道渗透；势能资产拥有"卖得贵、卖得久"的能力，可以提升产品溢价、提高顾客忠诚度和品牌融入消费者生活的能力。

第二步：增长动力归因。

动能资产可以分解为2个增长动力和1个环境变量。增长动力一：渠道渗透率提升（更快的渠道接受度，更深度的渠道覆盖）；增长动力二：新顾客转化率提升（提升品牌纳新能力，新顾客愿意尝鲜购买）；环境变量：市场增长乘数（品牌产品所在市场的年度增长率）。

品牌势能可以分解为2个增长动力。增长动力一：顾客终身价值提升（顾客保留率提升，顾客购买频次和客单价提升）；增长动力二：顾客裂变提升（顾客更愿意进行口碑推荐和介绍新顾客）。

第三步：营销策略匹配。

进一步，每一个增长动力都可以转化为具体的营销策略以便企业行动。

① 全渠道深耕策略：企业需要采取深度分销和终端赋能优化的营销策略。

② 5A人群资产策略：企业需要清晰地知道目标顾客在5A顾客消费路径中的具体分布（5A顾客消费路径中各阶段的顾客人数和需求又称"5A人群资产"），然后针对性地进行内容营销或促销转化。

③ 商业生态和顾客经营：企业需要构建产品生态（包括辅助产品、耗材、配件、服务等），以便顾客持续复购和升级购买。企业还需要建立顾客关系项目，通过私域、粉丝会、会员等形式持续

和顾客保持互动以及创造价值，从而提升顾客满意度和转换成本。

④ 品牌社群+联名+口碑：企业需要通过"老带新"的激励措施，鼓励粉丝社群再创作和品牌共创，大力激励粉丝和顾客的"种草"分享行为。

上面的品牌增长公式来自咨询实践总结，有兴趣的读者可以用这个公式拆解和分析一些杰出新消费品牌的增长模式，相信你会有不一样的收获。

总而言之，品牌不仅是一种识别工具，也不仅仅是一个形象和定位，品牌是企业经营的所有结果留给顾客印象的总和，它代表顾客对企业的认知；企业如何和顾客形成互动启发的关系；企业如何帮助顾客成为更好的人；企业承诺要交付给顾客的价值等。企业的核心使命就是创造顾客，而企业创造顾客的手段就是打造强大的品牌。

一代又一代的企业家，当他们要离开的时候，回顾自己给社会留下了什么，不是土地、不是金钱、不是专利，而是那些生生不息的被顾客挚爱的品牌。企业家应该亲自关注品牌，品牌是企业所有经营的最终结果。

希望通过本章的讲解，能够为大家带来塑造品牌的新思路、新工具，并且形成对品牌的全新认知——品牌是企业承诺要交付给顾客的价值！

实战案例：云南农垦——大型国企如何塑造集团品牌？

1951年，中央人民政府政务院第100次政务会议，审议通过了《关于扩大培植橡胶树的决定》，决定在云南、广东等省区大力培植橡胶树，以此为发轫，云南农垦事业就此开启。

1968年，云南农垦局派人来北京招募知识青年，并在教育部礼堂做了一场关于"魅力云南""彩云之南"的报告。

据说，17岁的王小波听到"头顶菠萝，脚踏甘蔗，摔一跤伸手就是一大把拇指粗的花生"时，"口水直流，心头冒火"，留下一句"青山处处埋忠骨"，就跳上了前往云南的火车。

正是有了云南的这段经历，他开始创作《黄金时代》。书中经常出现的红土、彩云和阳光，就来源于王小波当时插队的云南农垦橡胶园的场景。

五大趋势带来新机遇

云南农垦是我国为屯垦戍边和建设天然橡胶生产基地而建立的。1953年正式成立中央人民政府林业部云南垦殖局，1957年改为云南省农垦局，1994年从建制转为经济实体，成立云南农垦总公司，加挂云南省农垦总局牌子。2014年，云南省农垦局与云南农垦集团有限责任公司实行政企分开，云南农垦集团正式成为市场经营主体。

经过几十年的发展扩张，云南农垦旗下除了最早的橡胶业务，还拥有粮油、蔗糖、茶叶、咖啡、果蔬、休闲食品、花卉、电力、机械等产品和业务，成为一个不折不扣的以农业为基础的大集团企业。

随着我国人民消费水平的提高，消费者对于食品"绿色"和"环保"属性的关注度逐渐提升。洞察到这一趋势，2018年，云南农垦提出打造"绿色食品牌"，将绿色食品确立为集团未来重点发展的新兴主业。

但是，如何取舍和整合如此多元的产品业务，如何梳理和优化多品牌架构，使其形成集团品牌合力，提升集团品牌在绿色食品领域的影响力？这是摆在云南农垦面前的一大挑战。

2020年—2021年，科特勒项目团队帮助云南农垦对品牌战略进行优化，使集团内部能够形成上下一致、知行合一的品牌工作运营系统。为了明确下一步云南农垦品牌价值定位的方向，科特勒项目团队从4个维度展开了分析探索工作，得出了科特勒6C品牌分析模型（见图6-11）。

在做了大量的访谈调研和行业研究后，科特勒发现，食品行业正持续发生变革和消费升级，比如：

"健康"：人们购买食品不再是为了简单地果腹或者解馋，在购买前必须看看产品配料表、热量表的人越来越多，他们对"健康"的追求已经大于"好吃"的需求，并衍生出一批"成分党"消费者。

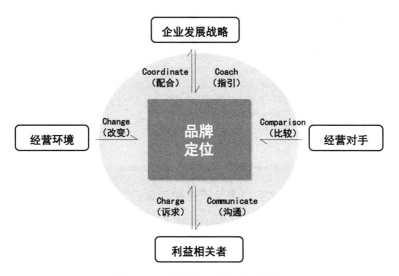

图6-11 科特勒6C品牌分析模型

"品质"：随着消费水平的提升，人们愿意为了更稀缺、更新鲜、更高级的产品买单。从"吃饱"过渡到"吃好"，已经成了都市人普遍的消费准则。

"技术"：越来越多的企业将现代科技融入经营理念，指导产品的生产开发，一方面能够满足消费需求，另一方面也更高效地保障了食品安全。

"创新"："新奇特"不再是水果的代名词，而是适用于各种食物，它们会得到消费者更多的关注和额外的付费，但更重要的是带来了持续创新。

"文化"：饮食文化不再停留在老字号餐馆里，而是

顺应食品行业的革新走进了家家户户的餐桌，每种食物的
背后都有一个故事。

消费需求的碎片化和细分市场的多样化是食品消费市场走向成
熟的标志。科特勒项目团队认为，以上五大趋势将会影响云南农垦
的品牌定位。

从数十个子品牌到六大品牌化业务单元

2020年，云南农垦集团旗下拥有数十个子品牌，比如天使、何
其乐、云垦红、沁果昭红、八角亭、云啡、云菜花、晟谷满园、洱
海留香、云粮、嘉木、云花、云象、金凤、云胶、龙珠等。

子品牌数量众多导致了以下几个问题。

首先，各品牌间缺乏统一联想，难以协同形成品牌资产合力。
很多消费者根本不知道某品牌是云南农垦旗下的产品。

其次，子品牌众多导致资源过度分散，无法形成跨品类的旗舰
品牌。渠道、媒体、客户等资源都无法实现共享，各品牌分摊到的
营销费用极低，营销人力也很少，管理上也比较混乱。

正是因为子品牌众多，在梳理品牌架构之前，必须确定各业务单
元的品牌化必要性。科特勒项目团队从"品牌发挥的作用、营销价值构
成、与客户的沟通方式、差异化经营手段、与集团品牌的关系、品牌存
在形式"等维度，对各业务单元进行了深度分析，梳理其在产业链中
的定位与收入结构，分析其是否有必要进行品牌化经营。

比如，某些业务板块是为了服务内部产品加工制造设立的，而非独立经营，因此没有必要进行品牌化经营。而有些业务虽然主要客户是B端企业、贸易商和经销商，但是由于客户数量较多，品牌化经营其实更有利于提高市场营销的主动性及建立客户信任，从而拉动客户购买。

在对众多业务（产品）单元的4个维度指标分别进行了品牌化经营的必要性分析之后，最终确定了10个有必要采取品牌化经营的业务名单。比如花卉贸易、乳胶制品、快消食品、农产品电商等。

"有必要"是一方面，是否"有能力"支持其进行品牌化运营又是另一方面。科特勒项目团队对这10个业务单元进行了能力方面的四大维度分析。比如是否有一定规模的品牌营销团队、是否有足够的资金支持、是否有独特的技术工艺以及业界声誉等。最终确定了6个品牌化经营的业务单元，从而确定了纳入集团品牌架构以进行下一步规划和优化的子品牌名单。

优化品牌架构，提炼品牌理念

根据科特勒品牌关系光谱图（见图6-12），当母品牌或集团品牌威望渐强时，母子品牌之间的关系为：

第一，联合品牌关系：由对等地位的两个品牌组合，形成独立的新品牌。如ExxonMobil（埃克森美孚）就由Exxon（埃克森）和Mobil（美孚）组成。

第二，主副品牌关系：由主驱动品牌和具有辅助说明作用的

单一 品牌关系	主副 品牌关系	联合 品牌关系	背书 品牌关系	关联 品牌关系	区隔 品牌关系
企业品牌及所有业务、产品品牌全部高度统一	由主驱动品牌和具有辅助说明作用的副品牌组合而成	由对等地位的两个品牌组合，形成独立的新品牌	子品牌起主驱动作用，母品牌起背书作用	品牌家族成员之间用某种元素形成关联联想	刻意区隔两个品牌，使之不产生认知关联
西门子	英特尔	埃克森美孚	宝洁	小米	丰田
工业自动化	英特尔 酷睿	埃克森	飘柔	小米	丰田
能源	英特尔 至强	美孚	海飞丝	红米	雷克萨斯
医疗	英特尔 奔腾			米家	
交通	英特尔 安腾			米兔	
个人及家用产品	英特尔 赛扬			智米	
中低压配电产品					

母品牌或集团品牌威望渐强

细分市场需求与母品牌的差异性渐强

示例

图6-12 科特勒品牌关系光谱图（示例）

副品牌组合而成。如英特尔和酷睿、英特尔和至强、英特尔和奔腾等。

第三，单一品牌关系：企业品牌及所有业务、产品品牌全部高度统一，如西门子集团旗下产品均使用"西门子"品牌。

当细分市场需求与母品牌的差异性渐强时，母子品牌关系为：

第一，背书品牌关系：子品牌起主驱动作用，母品牌起背书作用。如宝洁（P&G）和飘柔、海飞丝。

第二，关联品牌关系：品牌家族成员之间用某种元素形成关联联想。如小米、红米、米家等。

第三，区隔品牌关系：刻意区隔两个品牌，使之不产生认知关联。如丰田和雷克萨斯。

经过细致论证，科特勒项目团队认为，云南农垦集团更适合背书品牌关系。

科特勒项目团队根据品牌架构规划的4个原则——品牌数量最少化、品牌关系简单化、消费者认知优先以及按品类和消费场景归并品牌，给出了2种备选品牌架构模式，并针对产品品牌进行优化整理，比如删减哪些品牌、保留哪些品牌。比如在绿色食品板块，每个食品品类只保留一个核心品牌，其余作为产品系列名、副品牌或放弃使用。

然后，从确定进行品牌化经营的各业务所属赛道切入，分析各赛道中消费者对于该品类产品的价值需求特征，比如理性价值和感性价值，生成关键词"词云"，比如"品质、健康、安全、生活方式"等，锚定其中的核心价值，与云南农垦集团所独有的差异化优势相匹配，进而确定品牌定位方向，提出了"与自然共创造"的品牌口号。

根据品牌核心价值，确定云南农垦的品牌风格为：（源自纯净高原的）自然、（传承戍边屯垦的）雄宏、（回归简单生活的）质朴。品牌个性为（热爱美食生活的）热情、（醉心高原食品的）专注、（饱含家国情怀的）责任。

发布全新品牌战略，云南农垦利润同比增长

2021年12月，在创立70周年之际，云南农垦集团正式发布全新的品牌战略，以"云间好物，以垦为道"为品牌传播语，聚焦品牌端。建立以"云粮·洱海留香"软香米、"八角亭"茶叶、"云啡"咖啡、"天使"土豆片、"龙珠"白砂糖、"云垦红"红糖、"云胶"天然乳胶制品、"沁果昭红"苹果、"云花"鲜切花等为基础的品牌架构格局，精准发力绿色食品消费品市场。

接下来的5年，将是云南农垦实现集团战略规划2.0奋斗目标的关键时期，也是集团品牌战略正式落地执行的重要时期。

截至2021年12月31日，云南农垦集团利润总额同比增长52.77%，营业收入同比增长14.51%，圆满完成全年任务，实现了稳中求进的目标。在2021年度农业产业化头部企业100家中排名第24位，在2021年中国农业企业500强榜单中位列第46位，2021年获评中华人民共和国农业农村部首批具有国际竞争力的"农垦现代农业企业集团"。

第 7 章

战略性增长：数字化

在营销增长的语境当中，数字化指的是企业构建数字化的供应链、营销渠道、营销平台、在数字空间和顾客进行互动并建立起长期关系，以及在数字化空间打造品牌的能力。

在阅读本章之前，请思考以下3个问题。

1. 数字化转型会让一家平庸的企业变得杰出吗？

2. 营销数字化转型的本质是什么？

3. 营销数字化转型如何驱动增长？

数字化——破解传统营销的三大困境

今天，我们谈及营销和增长，不可避免地要直面营销驱动增长的三大困境：

一、营销过度部门化和职能化

CEO对CMO（Chief Marketing Officer，首席营销官）寄予厚望，希望CMO能够给企业带来创新的模式和显著的增长。但很多

CMO在实际工作中依旧采用传统的营销理念和营销方式，导致其带领的营销团队过于部门化和职能化，退化成为一个辅助部门或成本中心。一些规模性的企业，各部门之间互相不连接，完全是围绕内部视角的组织。这就造成组织工作的重心不是围绕顾客，而是围绕KPI和内部的优先度展开的，根本无法承担起企业增长的重任。

二、营销过度依赖短期战术手段

对CMO来说，未来的增长有太多不确定性。在CMO无从把握的情况下，自然会选择最方便、最容易被衡量的短期增长作为权宜之计。市面上现在有各种各样的技术和概念，如果没有将战略和组织目标连接在一起，只是盲目追风地应用一些短期的技术手段，得到的结果必定是令人失望的。期望与真正实现目标之间将有很大的鸿沟。

三、营销无法直接驱动业绩增长

理解顾客、发掘顾客的新消费场景或使用场景、新的支出可能性、塑造新品牌、提升老品牌……这些事情往往都和战略思维、创新有关，而营销部门往往过度地变成了一个"执行"或远离结果绩效的部门。

回顾各大企业的增长发展历史，我们就能发现：企业经营想要跨上一个全新的平台，常常受制于变革举措能否成功，以及其伟大创举背后采用的管理范式。

其他部门都曾为企业发展带来了一些划时代的改变。比如运营部门创造的全面质量管理（Total Quality Management，TQM）和业务流程重组（Business Process Reengineering，BPR），财务部门创造的经济附加值（Economic Value Added，EVA）法和平衡记分卡等，都在企业发展迭代中具有分水岭的意义。

100年前，营销人提出了"品牌"的观点，这无疑是一个重大的贡献。但让人失望的是，时隔100年，营销人再没有带来能让企业获得新的有机增长的任何革命性的范式！在数字化智能时代，我们希望营销能够重拾它在企业中的领导者地位，为企业打造以营销为核心的增长引擎。这就要求企业必须回到"以增长为目标"的战略营销和战术营销组合的大框架下，形成跨部门和跨职能的组织结构。在这样的大背景下，营销才能够再次成为企业增长的重要驱动力。

目前，数智化助力企业实现指数级爆发增长，主要通过以下两种路径：上游数字化与柔性供应链①、下游数字化与新顾客技术（见图7-1）。组织数字化在此不做过多讲解。

首先，数字化会深化企业在上游供应链的创新，包括供应商管理数字化和产品生命周期管理数字化。

可以进行万物互联的5G、智能终端等已经从过去简单的原子形态、物理性的东西，经过数字化变成数据化、智能化了，产品变

---

① 也称供应链柔性、供应链管理柔性，是指能对顾客需求做出反应的供应链。

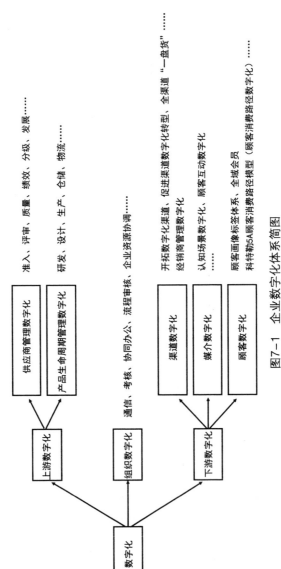

图7-1 企业数字化体系简图

成了"比特"和"原子"融合的智慧体。比如在交通领域，智能汽车渗透率会进一步增加；在服装领域，基于新型纤维，可以根据感应自动调节排汗和温度的智能服装也将会增加。在其他领域，比如智慧医疗器械、智慧医疗健康服务、分子料理食品等领域，这种"比特"和"原子"的融合性更新，也使数字化融入了产品当中。所以，数字化深入发展的第一个途径就是：数字化的智能产品要与服务、产品以及解决方案相融合。这样能够快速准确地识别顾客。智能化产品、智能化服务会是数字化的一个非常重要的、深度的结晶。

此外，数字化最大的优点在于它把单向度的经济变成了"反馈经济"[①]。过去，无论研发新品还是投放广告，顾客反馈和渠道反馈都很慢，不是实时的。数字化之后，数字化的顾客、数字化的商品、数字化的渠道、数字化的投放，最大的好处就是可以进行实时的分析优化和调整。

菲利普·科特勒先生在《营销革命4.0：从传统到数字》中提出了5A顾客消费路径模型，在《营销革命5.0：以人为本的技术》又提出了数字化、智能化的5A顾客消费路径，即使用数字化把5A顾客消费路径连贯起来，并利用"以人为本"的智能技术进行实时的路径转化分析、人群资产分析和即时服务，从而帮助企业形成

---

① "反馈经济"和移动互联网、云计算、大数据有关。它的特征是能把移动设备获知的各种数据实时地传输到云中，通过"大数据池"进行比较分析计算，反馈到手机终端或其他设备上，最终目的是引发某种行为的纠正。

反馈经济，更好地优化产品研发决策和营销战略投资决策。

现在，越来越多的企业会通过数字化平台连接下游渠道、媒介和顾客。下游数字化主要体现在渠道数字化（包括经销商管理数字化）、媒介数字化和顾客数字化3个方面。

在渠道数字化方面，分销端已经出现大量的数字化经销平台商、DTC渠道、社交渠道等新型分销模式。今天很多企业已经具备了直连客户、送货上门、提升优化分销渠道的能力，这就是数字化的力量。

在媒介数字化方面，除了过去的数字化广告可以实现"千面"的定制——基于数字化平台实现多维度多模态顾客标签，进行内容素材管理和素材再创造，今天的数字化营销也实现了更高层次的"千人千面"——高度的顾客细分和内容资产的匹配，达到高效率的人群触达和非常有效的转化，让数据中台、客户中台、内容中台都获得空前的发展。

在顾客数字化方面，深度的顾客运营将有力提升顾客终身价值。今天，产品品类过于丰富，导致顾客越来越喜新厌旧，顾客忠诚度不断降低，获客的成本不断升高。所以企业竞争的一个关键点是如何提升顾客的忠诚度和保留率。提升顾客保留率本质上是特别反人性的，因为顾客天生就是喜新厌旧的，他们总喜欢更快、更高、更新的升级版。因此，"品牌忠诚"是个小概率事件，是经过企业精心运作的体系化结果。当然，正因为"忠诚"是价值不断交付的结果，所以企业要提升顾客终身价值，提升顾客保留率，"数字化"就是其中的关键。私域运营、会员管理、数字化体验都是提升顾客终身价值的关键举措。

接下来，我将详细阐述这两大数字化路径。

上游数字化与柔性供应链

上游数字化的本质是通过数字技术驱动生产力的提升，比如通过提升研发、设计、生产、仓储等环节的效率，从而进行产品创新，降低库存水平，提升周转效率。上游数字化主要通过柔性供应链的方式来进行，其背后主要涉及云技术、大数据、物联网、人工智能和5G技术等，主要呈现为产品生命周期管理数字化和供应商管理数字化。

产品生命周期在上游主要涉及研发、设计、生产、仓储和物流等环节，产品在上游的数字化管理有利于与下游联动。比如将下游的顾客需求洞察转化为上游的产品研发方向，进行创新品类挖掘和设计创新等，再通过下游媒介和渠道的数字化进行方案验证和销售预测，判断新品是否具有市场，再推动上游供应链下单实现大规模生产，进而根据顾客画像进行精准投放与破圈尝试等（见图7-2）。

比如跨境电商平台SHEIN（希音），它采用"小单快返"的柔性供应链模式（见图7-3），先推出少量产品到前端，测试市场反应后，再决定是否跟单生产。SHEIN共拥有3000多家供应

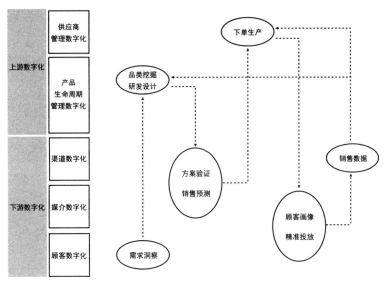

图7-2　关于产品生命周期的上下游数字化联动

商，对于为数众多的供应商，SHEIN主要通过SCM（Supply Chain Management，供应链管理）系统管理，其中包括前端供应链和后端供应链。前端供应链主要负责出厂配送，后端供应链分为商品中心、供应链中心和系统研发中心三大部分。

其中，商品中心负责商品企划、服装自主研发、设计、定价、商品推广和物料准备等。供应链中心主要负责面辅料采购、成衣生产、仓储物流等。工人扫二维码就可记录工作进度，通过供应链管理软件领取工钱。供应商通过SCM系统可以直观看到新任务是什么、需要在哪天完成、距离完工还有多少天、哪些产品已完工上架、哪些可能即将延期要尽快处理等信息。系统研发中心主要为各

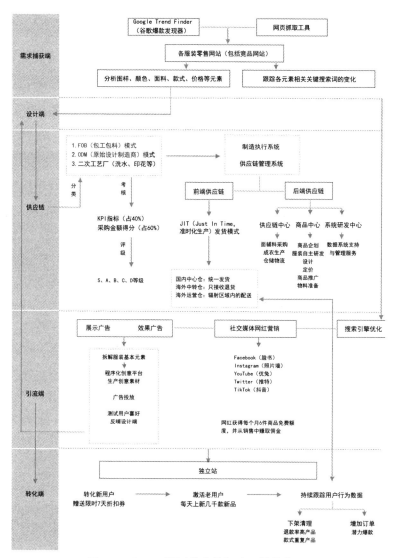

图7-3 SHEIN通过数字化打造柔性供应链

部门提供数据系统支持与管理服务。

此外，SHEIN还通过MES（Manufacturing Execution System，制造执行系统），对每个订单的各环节进行实时追踪。以"库存可售天数""预测日销量""仅7天销量"作为主要变量，辅以"交货期和备货天数"作为固定变量，再扣除"库存数量""运输途中件数""待上架数量"，算出供应商需要的备货下单数。

为了防止爆仓或缺货的问题出现，SHEIN采用JIT发货模式。在该模式下，SHEIN将订单数量切分为几个小规模订单，只有当周销超过某一数量（比如30件）时，才会触发下一个订单。

数字化系统的应用帮助SHEIN高效管理庞大的供应商队伍，并有针对性地下单，实时追踪订单情况，实现了供应链的柔性生产和发货。

上游数字化的成功有赖于各环节的联动。比如家电品牌美的"以销定产"的"T+3模式"之所以能够运转成功，是因为美的在数字化工厂之外，还建立了客户在线平台、工业互联网平台和数字化物流平台（见图7-4）。

2011年，美的集团战略从规模导向转变为追求增长的质量导向。为了实现效率驱动的落地，美的在"自动化"和"IT系统"建设两个方面做了大量的工作。

在自动化方面，美的通过应用机器人技术、智能设备等手段对原有生产线进行升级改造。通过提升效率，美的将员工总量从2011年的将近20万人降低到2017年的不到10万人，同时实现了产量提

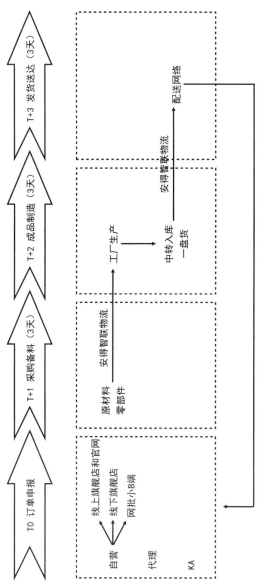

图7-4 美的 "T+3模式"

升。智能化改造不仅可以帮助美的应对劳动力成本上升的问题，也为打造柔性生产、高效运作的智能制造体系奠定了基础。

2012年—2015年，美的集团有针对性地启动了"632"信息化提升项目，这个项目由6个运营系统（PLM、ERP、APS、MES、SRM、CRM）[①]、3个管理平台（BI、FMS、HRMS）[②]、2个技术平台（MIP、MDP）[③]等组成，核心是智能精益工厂建设。通过大数据应用不断提升运营效率，借助量化的数据实现生产管理的专业化和标准化，最终提升了美的的生产运行效率。

2015年—2016年，美的着重进行智能制造和智能产品的数字化转型，开始试点"T+3模式"。"T+3模式"分为4个阶段，最大的特点是"以销定产"。自订单申报开始（T周期），经过采购备料（T+1周期）、成品制造（T+2周期）、发货送达（T+3周期），一直到完成订单交付，各环节的产销周期由7天缩短至3天甚至更短。

美的"T+3"模式以美云销（客户平台）、美云智数（工业互

---

① PLM（Product Lifecycle Management）是产品生命周期管理；ERP（Enterprise Resource Planning）是企业资源计划；APS（Advanced Planning and Scheduling）是高级计划和排程系统；MES（Manufacturing Execution System）是制造执行系统；SRM（Supplier Relationship Management）是供应商关系管理；CRM（Customer Relationship Management）是客户关系管理。

② BI（Business Intelligence）是商业智能；FMS（Functional Movement System）是功能性动作系统；HRMS（Human Resource Management System）是人力资源管理系统。

③ MIP（Mobile IP）即移动IP；MDP（Markov Decision Process）即马尔可夫决策过程。

联网平台）、安得智联（物流平台）为依托，推动全面数字化转型，加快了信息、产品和资金的流动，打造"以销定产"柔性制造能力，保障更快、更准的需求响应。2016年，美的将"T+3 模式"从"小天鹅"品牌全面推广至整个集团。2020年，美的升级四大战略主轴，同时调整了整体业务架构，正式将"全面数字化、全面智能化"作为集团战略，并于2020年11月升级为工业互联网平台架构2.0，最终实现了交货周期缩短，库存成本下降以及市占率和净利润率的提升。

下游数字化与顾客新技术

在科特勒的经典4P框架中，创造价值的产品主要集中在上游，而传递价值的渠道和传播价值的促销主要集中在下游。因此，下游数字化主要体现在渠道数字化、媒介数字化和顾客数字化3个方面，但因为顾客消费路径在渠道与媒介中的流动与贯通，要完全分清这三者并不容易。在大多数情况下，渠道数字化、媒介数字化与顾客数字化是同步进行的。

如今，我们的生活场景高度数字化，衣食住行都能被数字完全地记录下来。过去，我们的消费记录是无法回放的，但今天只要你用淘宝买过东西，用飞猪订过出行，用携程订过酒店、买过机票，用猫眼买过电影票，用挂号网看过医生，用微信经常交流……那么一个ID（identity document，身份标识号）就可以深度理解你的行为（还要关注顾客的隐私风险）。

过去，电视行业竞争的核心是显示技术，所以大家都锁定供货源和渠道。到今天突然发现，原来的战略竞争壁垒、"护城河"没用了，因为被数字化了。顾客对电视机的需求不光是"显示"，还有一个需求是"连接"。因此，华为、小米这些手机通讯企业最酷的也是让经典企业最头疼的一点就是自带客户。所以它们进入白色家电①、黑色家电②、3C小家电③相对来说比较顺畅，因为这些品牌自带客户，而且拥有数字化的产品和服务以及用户画像。今天的数字导向实际上是要尽快地把企业的业务模式和顾客资产数字化。

在数字化时代，消费者不再是简单的流量，要被重新还原成一个活生生的人。认识到消费者会及时反馈、购买和拥护产品，企业才能真正能做出"千人千面""一对一"的产品。过去企业只能说，但做不到。

今天的营销不仅要追求将一个产品卖给更多顾客，从而实现更多的当期收益，更需要把企业更多的"互补产品"卖给同一个顾

---

① 白色家电指可以减轻人们的劳动强度，改善生活环境和提高物质生活水平的产品，比如洗衣机、空调、电冰箱等。

② 黑色家电可提供娱乐、休闲等功能，像彩电、音响等。

③ 3C就是计算机类（computer）产品、通信类（communication）产品和消费类电子产品（consumer electronics）的统称，亦称"信息家电"。由于3C产品的体积一般都不大，所以往往在中间加一个"小"字，故往往统称为"3C小家电"。比如电脑、手机、相机等。

客，把顾客当成最宝贵的资产，让单个顾客不断地在他的生命周期当中为企业增长带来更大的价值。

比如一位顾客购买一辆汽车的一次性交易价值是30万元人民币，但是如果把这位顾客的生命周期扩展为20年，那么他的终身价值可能会超过200万元人民币。当企业用这样的视角去思考，你就会发现连接顾客、经营顾客在企业价值增长中扮演了极其重要的角色。

那么，怎样才能连接和经营顾客？怎样才能提升顾客保留率和终身价值？企业要围绕顾客体验做产品提升。

我们生活在一个生活场景和工作场景都已高度数字化的时代，今天的顾客都是多触点、多渠道、全媒体的。在技术能够深入到顾客完整的购买路径中时，还在重复传统的营销无异于盲人摸象，无法从转化率的高低、广告推广的有效与否去做营销问责与营销归因。

所以，企业需要制定标准，把消费者的购买路径结构化和量化，从认知、吸引、询问、行动到推荐，总结成5A顾客消费路径模型。值得注意的是，在5A顾客消费路径中，还伴随着4个关键时刻（见图7-5）。

第一个是零关键时刻（zero moment of truth，ZMOT），这是消费者产生消费欲望，开始寻找与需求相关的产品的时刻。比如，某位顾客想要买车，那么我们可以将他的脑海中出现2~8个品牌之前的时间称为零时刻。在这个时刻，顾客是在被广泛搜集到的信

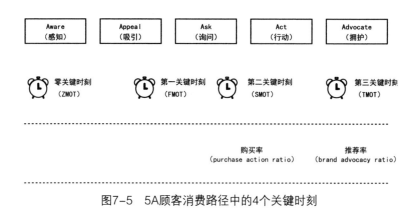

图7-5　5A顾客消费路径中的4个关键时刻

息、短视频传达的信息所打动。

当消费者进入到A1～A2（认知到吸引）之间时，如果顾客此时想要购买的是一包薯条，那么在他打开薯条品尝，即产品的使用环节之前，为第一关键时刻（first moment of truth，FMOT）。

接下来，薯条的口味将会影响顾客之后的购买行为，在A3～A4（询问到购买）之间，顾客会出现是否复购和优先选择的抉择时刻，也就会进入到第二关键时刻（second moment of truth，SMOT）。

而最后在A4～A5（行动到拥护）阶段，也是产生第三关键时刻（third moment of truth，TMOT）的重要环节，即顾客产生推荐意愿的重要时刻。

广告转化率、"种草"转化率的提升取决于5A顾客消费路径模型中A1、A2、A3阶段企业是否做得足够好，这是获客成功的关键。但是这些阶段做得好并非意味着胜利，企业还需要和消费者进行连接，才会有复购和推荐的可能。因此，企业要帮助消费者进行内容输入，构建对自身品牌有利的购买标准，帮助消费者形成购买产品的参考框架，然后产生首购，再产生忠诚和复购。

当然，除了购买率是营销的重要指标，另一个值得企业关注的指标是推荐率，如果说购买率=购买数÷知晓数，那么推荐率=推荐数÷知晓数。

如何提升推荐率？以汽车举例，当面对高客单价的产品时，消费者不太可能在一瞬间就做出购买决策，这时的消费者做出的是"补偿性决策"[①]。当企业能够深度理解顾客的购买路径，理解顾客在购买路径的每一个阶段想要获取的信息，以及可能产生的关键动作和内心动机时，才能够针对性地识别人群，营销动作和媒体投放才能够精准触达。5A顾客消费路径的本质就是"顾客学习"过程。在不同阶段，不同的心理链路极大地影响了消费者对内容的解读和评判。在每个环节当中，消费者都会有自己独特的价值观、态度、任务，企业要了解顾客在每个阶段的心理链路，然后才能更准确地把握在营销链路中，包括营销动作、促销广告、优惠券、联名活动等在什么环节出现会起到更好的作用。

为了缩短顾客的消费路径，轮胎品牌米其林通过DTC的方式与

---

① 指消费者将产品在优势属性上的积极评价，与在劣势属性上的消极评价相互补偿，是一种综合考虑某品牌的各种属性的决策方法。

顾客直接进行连接。2021年1月，米其林中国正式确定DTC战略，计划通过微信小程序打通渠道与内容。这个被命名为"米其林灵感+"的小程序是一个连接米其林各项产品服务与顾客的消费者社区，整合了米其林旗下"随你行""驰加"品牌以及"星赏通"等服务，从2021年11月25日正式上线到2022年5月，仅用6个月，该会员平台就新增100万会员，稳定运营10% MAU（Monthly Active User，月活跃用户）。

为了弱化工具属性，增加用户黏性，米其林通过内容营销提高对用户的触达频次，比如在"米其林灵感+"小程序的"生活+"分类下，有米其林餐厅摘星体验，较好地刺激了消费者的互动需求。除此之外，还有"好物+"作为电商渠道销售汽车生活相关商品。据称，米其林做DTC的目的并不是吸粉，而是要看到"数据—业务"的联动效果，即前台的数据增长如何牵引后台业务增长。

通过"米其林灵感+"，消费者可以直接在线上购买轮胎以及生活时尚用品、一键预约汽车养护服务，同时也能享受到米其林餐厅尊享套餐、赛车赛事等生活体验。

除了微信小程序这种轻量级数字化应用之外，米其林还与微软携手，打造了一个能为客户提供上门服务的系统。用户只需打开米其林轮胎的App，按照自己的需求下单，米其林轮胎就能智能派遣技术人员，提供上门服务，节省双方时间。同时，米其林也可以通过CRM进行客户资料管理，将技术人员时间安排表进行自动化处理，进行库存管理等。技术人员也能够在同一设备、同一界面上实时查看上门服务信息，包括车主联系方式、服务清单、期望的服务时间等。甚至这一平台还能为技术人员智能推荐某一服务该如何操作，比如修理轮胎时应先拍照检查，再监测胎压，然后为轮胎放气……

当客户的轮胎出现问题时，米其林能够借助微软IoT（Internet of Things，物联网）技术远程帮助客户诊断问题，一旦发现客户不能够自行修理，就可以自动创建工作清单，并根据地理位置、客户偏好、服务级别协议等因素创建调度计划，派遣技术人员提供上门服务。通过Twilio API[①]，技术人员能够在上门之前发送自动语音与短信，提醒客户预约即将执行；技术人员还可以通过Glympse[②]与客户分享位置。客户可以在App上查看技术人员实时使用的交通工具及地理位置，了解具体上门时间。

严格来说，渠道数字化包含两个方面：对既有的传统渠道进行数字化以及开拓新的数字化渠道。"米其林灵感+"属于后者，便利蜂的数字化则属于前者。

为了提高门店毛利水平，便利蜂对所有门店进行了数字化改

[①]　Twilio成立于2008年，是一家提供云计算解决方案的公司。API（Application Programming Interface）指应用程序接口，又称为应用编程接口，是软件系统不同组成部分衔接的接口。Twilio API可以与各种社区工具集成，从而实现API模拟和测试、客户端库生成、与Postman（一款支持http协议的接口调试与测试工具）的集成等。

[②]　Glympse成立于2008年，是一个让用户分享位置的移动应用，用户可以选定特定用户、在特定时间段内与他们分享所在的实时位置，比如与朋友分享位置等。

造。根据历史销售数据、历史库存数据、节日与天气信息以及门店情报系统，便利蜂构建了销售预测系统，并根据该系统信息指导选品和商品陈列，甚至用于员工管理（入职考试、员工培训、排班、下达任务、指示标准作业程序等）。

便利店是否能够盈利，选址是至为关键的因素。便利蜂通过城市人口密度分布选择进入目标范围的写字楼，以目标店铺为中心，收集周边人流数据、停车量数据、写字楼入驻率、楼层业态情况和竞争对手数据，以及附近小区入住率等详细数据，以此确定更有盈利潜力的门店位置（见图7-6）。

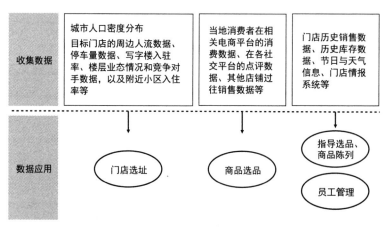

图7-6　便利蜂数字化应用示意图

上游产品生命周期管理的数字化，也有利于下游服务数字化的实施。三一重工是中国唯一拥有ECC（Emergency Control Center，应急控制中心）平台的工程机械制造商，目前已链接全球超50万台工程机械装备，可实现设备工况实时监控、远程排故。出售的机械设备通过控制器、传感器和无线通信模块，可以将采集的工况数据传输到ECC平台，对回传数据进行分析，指导三一重工的服务提升、研发创新，以及市场销售等环节（见图7-7）。

如果使用的设备出现异常，客户只需要通过手中的智能移动终端，轻点按键即可召唤三一重工服务人员。接到客户指令，三一重工ECC平台会即刻智能派工，并进行路径规划，同时设备故障类型、所需维修工具、配件等信息将同步推送至服务工程师的智能终端。在施工现场，服务工程师借助IoT数据、AR（Augmented Reality，增强现实）眼镜、远程视频通信等先进技术手段，可以与后台技术专家远距离实时连线，群策群力，快速商定解决方案。客户可以实时查看服务人员轨迹、设备完工进度、配件订单查询等关键信息，服务全程透明可控，一手掌握设备最新动态。与此同时，三一重工ECC平台会将客户召请、服务回复、人员到达、设备完工率，以及客户评价等5项核心指标纳入监控范围。

通过C端互联，三一重工ECC平台还能远程为客户提供各种增值服务，如实时工况监控、车队智能调度、零部件寿命预测、故障预诊断、24小时采购等，支持客户对设备进行全生命周期管理。三一重工ECC平台可以动态分析C端互联海量大数据，大数据会自动向客户发送设备的保养和换件计划，最大限度提升设备健康状态。

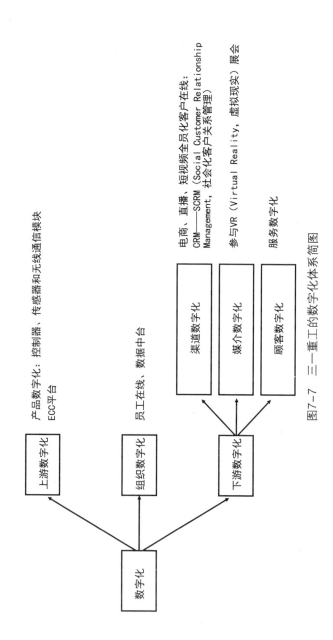

图7-7 三一重工的数字化体系简图

依托物联网平台，三一重工建立了智能服务体系，在全球拥有1700多个服务中心、7000余名技术人员，可以实现"365×24"全时服务。在全球范围内，工程设备能够2小时到现场，24小时完工。与海外品牌收费式服务模式相比，三一重工的快速服务响应能力，进一步提升了客户黏性。

三一重工的销售模式包括产直销和经销商销售两种，其使用CRM系统进行客户信息管理、订单管理和售后服务，减少客户逾期还款对应收账款质量的影响。

根据三一重工官网信息，CRM项目是三一重工全产业链业务变革的战略性项目，覆盖了"从销售线索商机提出到交付""客户服务问题提出到解决"等营销服务核心业务。同时还按照主机销售"端到端"流程贯通策略，开发了融资债权管理功能。CRM 1.0项目共梳理优化152个业务流程，实现了213个CRM系统功能、32个业务审批流程、81个移动业务场景，确定了452个功能角色，完成了761个测试步骤，整理了20余万条客户信息，培训了3000多个关键用户。

CRM项目自2015年正式上线以来，经历了3次系统扩容，能支持集团管理全球业务单元营销，及后市场服务，在客户需求、适应外界环境的响应速度上，可迅速做出反应。2021年，三一重工升级CRM为SCRM，深度融合了企业微信，具有对外连接"12亿微信用户"的独特优势，对内整合了原有CRM功能，新增轻OA（Office Automation，办公自动化）、线上互动、营销工具、客户画像等25

项功能，每一项功能都将赋能一线人员，在面向客户服务的一个个场景中提升服务能力。

三一重工通过融合现有CRM与企业微信，与客户建立起便捷、通畅、高效的专属沟通渠道。同时，通过与企业微信营销功能的巧妙结合，三一重工将实现旗下百余家代理商营销能力的长期建设与健康发展。比如，在线互动功能可满足客户社群化服务需求；营销资料库功能可以帮助一线人员一秒响应客户产品问询需求；客户标签库可完善客户画像功能，便于三一重工为客户提供更多个性化服务；周边工程功能通过基建工程大数据结合设备大数据建模，可以帮助客户解决找工程项目难的问题；客户痛点挖掘机可深度挖掘并快速响应客户诉求。

通过SCRM平台的搭建，三一重工的营销管理、服务管理、配件管理、信用管理、融资管理、债权债务管理等业务正在逐步迈上新的台阶。

案例解析：TCL的"5个在线"

2019年8月，TCL集团总部成立了数字化转型部，整合了原有各品类的IT团队，建立"数字化转型业务中心"，把数字化能力建设提升到了企业战略的高度。TCL将"数字化企业"的定义理解为三个大部分，分别为：数字化工厂、数字化供应链和数字化营销。数字化工厂和供应链属于上游数字化，数字化营销则是以顾客为核心的下游数字化。

　　为了盘活营销组织的各个环节，TCL电子提出了"5个在线"战略（见图7-8），分别为：客户在线、用户在线、员工在线、产品在线、管理在线，通过IT数字化技术建立面向用户、零售驱动、互联网化的IT系统架构。以互联网中台架构思想，面向用户，数据驱动，构建全渠道营销管理系统，业务全面IT化、数据化。

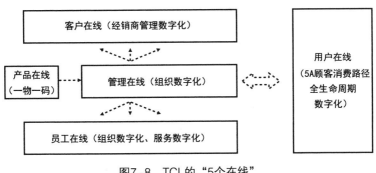

图7-8　TCL的"5个在线"

一、客户在线（T销客）

　　在中国规模大、数量多、分散广的"三、四线"市场中，大部分小型经销商还在采用非常传统的方式做生意，比如通过电话或纸面报价单等。这造成了一个问题：业务员的大量时间被浪费在流程中，降低了工作效率。而且因为这些不规范的处理方式，导致数据无法被记录和整理，从而难以整合到TCL的大数据库中，如此庞大、有价值的数据就这样被浪费掉了。

出于这样的洞察，TCL推出了面向B端客户的统一移动工作平台"T销客"。通过这个平台，一方面经销商能够更快获取来自厂家的信息，快速解决问题，获取最有竞争力的销售政策和活动；另一方面，来自经销商的销售数据也得以汇总、分析，让业务端能更加直观地了解终端销售情况，进而制定相应的销售政策，提高营销效率。

通过将经销商"搬"到线上，让TCL与经销商间的沟通更加透明、可视化，实现了渠道的数字化转型，从而实现从传统分销向零售的组织转型。目前，"T销客"正在全国范围内推广，已上线近5000个客户，累计成交金额已超过1.5亿元人民币。在南京商务中心，"T销客"的经销商覆盖率已接近100%，对销售提供了强有力的帮助。

二、用户在线

"客户在线" 面向B端，而"用户在线" 则主要服务C端消费者。

TCL基于用户全生命周期管理，设计了不同场景下的用户解决方案，将来源于销售、服务、智能设备终端产生的用户数据融合，建立统一的用户资产，构建统一用户数据中心、用户运营平台，实现对用户数据的洞察，驱动流程和商业模式的重构，为企业创造价值。

目前，用户在线平台已经累计拥有6000多万用户，内容付费

（视频、音乐）和服务付费（10分钟到家）的会员达到1300万，建立了用户从认知到复购再到品牌拥护的5A顾客消费路径数字化管理。

在提升用户运营能力的同时，用户在线平台还实现了产品化，为销售代表、客户赋能，提供必要的用户运营工具（在数据、营销、运营、系统等方面进行赋能），使运营人员、销售代表、合作的客户同时具备用户运营的能力。

三、员工在线

对于业务员和销售代表来说，工作场景是移动化的，员工在线平台能够有效地满足移动化办公的需求。而对于各级管理人员来说，工作中涉及很多需要协同办公的场景，员工在线平台能够有效连接各级管理人员和内部所有业务。

TCL在中国有30多家分公司，几百个分部，上万员工。如何让全部员工同时了解总部业务和相关政策？通过员工在线平台，可以使上万员工与总部直接对接，实现扁平化管理的同时，还可以使员工获得更多数据，为员工工作赋能。

员工在线平台主要包括数据看板、统一的代办中心、IM（Instant Messenger，即时通信）系统、助销工具等。普通员工可以利用它沟通工作，获取信息，提出流程申请；销售代表可以通过它上报零售数据，了解门店竞争对手的情况，对潜在顾客进行留存和跟进；业务员可以通过它拜访客户和巡店，提升客户忠诚度和活跃度；管理者不仅可以通过它审批流程，更可以实时查询经营数据，进行决策参考。

除了为员工提供服务，员工在线平台还可以优化企业流程，提高运营效率。员工在线平台上线后，原有的审批模板由700多个减少至50个，个人平均审批时长由15小时减少至5小时，门店中的免费样机减少了7000多台，业务员巡店率达到79%，大大提高了协同的效率，降低了运营成本。

目前，员工在线平台已在电商、空调、冰洗产品、健康电器、东芝、乐华等业务板块陆续上线。2019年，TCL将其升级为员工在线2.0，把1.0阶段积累到的数据反哺业务，形成以员工为中心，数据驱动并按角色定义的业务工作平台，帮助员工做好业务，提升组织效率。

除了客户在线、用户在线和员工在线，TCL的产品在线主要通过数字化工厂和供应链完成，而管理在线是指通过数字化系统实现组织管理，在此不进行过多阐述。

数字化转型要有总体战略规划

过去，很多企业认为数字化是IT部门、战略规划部门的责任，不自主地将数字化看作是一个工具。比如科特勒有些企业客户在同一类别当中买了十几种数字化工具，买完之后常常发现这些不同的工具不好用或者用不着。

数字化本身是超越工具性的，一定是随着企业战略、组织模式、核心竞争力不断变革的。如果没有随着组织结构、组织流程、与之相应的岗位设计，以及每一个岗位人员的核心竞争能力变革，再多工具和规划都是没有价值的。所以，企业要真正地拥抱数字化，不要短期化、投机化、工具化数字化，更不要急功近利，而是要坚定不移地每天都进步，做有规划的长期主义者。

要用好数字化，需要有一个明确的"以顾客为中心，'端到端'"的流程，作为核心驱动的数字化组织。归根结底，数字化带来的一个最大的价值是让企业能更好地挖掘顾客，更高效地匹配产品和顾客，更好地塑造品牌。所以做组织设计是必不可少的。

企业需要不断地掌握数字化变革的方式。通过总体规划、局部测试、不断优化，把最佳实践进行大面积推广，将科学的方式导入变革。组织是企业总体战略性变革的一部分，即组织是要和目标、资源、策略、流程、岗位等整体匹配的。无论是做数字化营销还是做数字化供应链，在实施"数字化"过程当中，不同种类的企业都容易进入一个相同的误区：聚焦在数字化功能或者业务功能做切入。

中国大量存在的中小型企业和一些民营企业集团，虽然企业老板看待问题的一些视角是全局的，但是数字化业务对接的却是CIO（Chief Information Officer，首席信息官）或者CMO，这些岗位的人员大多没有足够的眼界和能力给企业带来总体的变化，也就导致在数字化过程中"有什么衣服穿什么衣服"，不能"量体裁衣"的结果是穿得五颜六色,不伦不类。

很多企业都在呼吁数字化转型,但企业具体做了什么?大多数企业都只是在追随直播热,做了赶时髦的事情、最容易做的事情,而忽视了最该做但比较难做的事情,这是眼下的真实状况。所以很多企业表示数字化转型很困难,问题的本质就在于企业有没有真正想好为什么做、要怎么做。

所以,真正要实现数字化转型,必须要有一个总体的战略规划,找到整个企业转型要解决的最高价值问题。我认为,董事长和CIO、CMO之间沟通达成共识是很重要的,如果数字化供应商面向的是轻量级的决策者,是没有战斗力的。

早在数字化转型初期,三一重工就建立了专业化管理平台,把数字化流程方法和流程规范向全体员工发布,直达基层。随后,三一重工成立了智能制造研究院,为各事业部智能研究所与中心赋能,成立平台型数字化架构。三一重工要求12个事业部、各个工厂都要建立数字化转型团队,团队要下沉到一线员工中,全面推进数字化转型。

在三一重工的数字化转型过程中,每个人都要背负指标,每个事业部都有压缩人员的计划。比如未来有多少工作会被机器人、机器手替代?有多少可以靠科学的流程工艺改进来实现等。同时,研发团队和工程师团队则急剧增加。

在引进人才方面,三一重工每个事业部、子公司都在大举引入与数字化相关的高技术人才、管理人才,包括从数字化转型前沿的企业挖人。在人才培训方面，三一重工定期与对口高校合作，举办培训活动，提升员工基本素养。为使员工能随时随地学习，三一重工建立了在线学习平台，运用AI（Artificial Intelligence，人工智能）技术把成熟的技能通过程序化传授给新员工。在人才考核方面，三一重工设置了数字化考试、编程考试等，定期考核员工的数字化技能。

在部门的数字化改革层面，三一重工将过去紧耦合的数字化转型权力部分下放到事业部和子公司，将专业的数字化团队注入集团的每个角落，要求各职能总部、各事业部都要成立智能本部，都要有一个负责数字化转型的研究中心。每一个职能部门都要有自己的数字化规划，并要当面向董事长汇报。只有董事长批准同意的数字化规划，部门才能展开实施。规划之后的项目会被董事长办公室录入到董事长的系统里，职能部门每周要汇报任务是否按时完成，并提供佐证材料。董事长办公室每周会对这些项目情况进行打分，并将分数与年底的绩效考核挂钩。

如何考核数字化转型的完备程度一直是困扰企业的问题之一。在数智化时代，数据是实现营销驱动增长的核心骨架和关键环节，因此，科特勒对营销完备程度的指标进行了整理和完善。

图7-9涵盖了顾客数字化、渠道数字化和产品数字化三大核心，以5A顾客消费路径连接多维数据连接、业务数据中台、营销内容中台、营销智能分析四大部分形成的数字化营销经营底座。也就是说，在科特勒的营销理念中，营销5.0最核心的是以卓越的顾

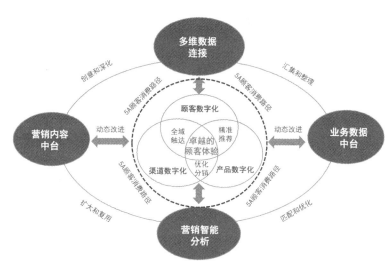

图7-9　数字化营销完备度的7个指标

客体验为核心的多维链条融合。

　　抓住变革期，让数字化成为解决行业发展难题的高价值问题关键抓手，才能形成系统方案，形成利益相关者的共识。企业所有的转型都不要为了转型而转型，而是要看转型的契机在哪里。在这个过程中，战略咨询公司能够从外部视角提供更为全局性的建议。

实战案例：龙腾出行10年增长100倍的爆发传奇

　　如果你经常旅行，一定听过龙腾出行的名字。2020年，它已经是全球第二、中国第一的高端出行品牌，2019年年底，年收入达到

12亿元人民币。可是却很少有人知道，这家明星企业在5岁时差点被扼死在摇篮之中。

故事要从2005年讲起。

生死困局

当时，中国民用航空总局把90个民用机场的管理权和相关资产一股脑儿甩给了所在省（区、市）管理（除北京首都国际机场、西藏拉萨机场）。以前不愁吃、不愁喝的机场，如今需要自负盈亏。资产好，但是如何盘活，把它们变成收入，就成了当务之急。

这座矿山的价值被一个叫蔡可慧的人发现了。蔡可慧当时在中国人寿广州分公司担任团体部总经理，一个人拿下的业务量在中国人寿全国范围内排位前5，是个典型的"造雨人"[①]。但是再牛也是为别人打工，于是他就动了创业的念头。

一边是野心勃勃且能力出众正在寻求机会的创业者，一边是突然被抛向市场"嗷嗷待哺"的优质资产，两边"一拍即合"。各个机场将休息室资源打包给蔡可慧，他则将其转化成机场出行服务，以"龙腾卡"为承载物，销售给做保险时积累的企业客户，比如银行、保险公司、汽车企业等。这些企业客户再将龙腾卡作为增值服务赠送给自己的高端个人客户。

这是一个看起来"轻"但做起来很"重"的模式，其中有个必

---

① 奇迹的创造者。

须要打通的环节：蔡可慧必须把全国机场休息室资源中的大部分都拿下，才能为客户塑造一致的优质体验。而机场休息室资源却散落于全国各地机场，他不得不一家一家去谈。

"初期非常困难。第一年什么都不干，只谈机场休息室网络合作。"蔡可慧回忆说。当时忙活了一年，最终只谈成了25家国内机场的合作。就这样从0到1逐步积累，2010年，这个数字终于变成了53家。就在这时，5岁的龙腾迎来了"成长的烦恼"——业务增长不动了。

卡一张张地送出去，但是真正注册使用的人却不多。每年拿着2000万元左右的预售金，龙腾出行就这么过着看起来"滋润"却很可能"一直长不大"的日子。

龙腾出行还有"长大"的可能吗？如果没有，是不是应该放弃？如果可以，又该怎么做？

老蔡精力足、脑子活，他想了很多办法。广告也投了，活动赞助也做了，还在卡上附加购物打折的优惠功能，甚至送给朋友体验。企业团队也做了很多尝试，可惜全部收效甚微。"整个团队都乱了，不知道要怎么做，一会儿这个，一会儿那个的。"蔡可慧回忆说。

做了那么多尝试都没有用，高管团队中就产生了不同的声音。有人觉得这个业务模式不成立，立刻就有人反驳说国外的PP

（Priority Pass）卡①不就做得挺好吗？于是很多人就认为这种模式也许在中国市场不成立。

这句话多少有点道理，因为2010年能经常在天上飞的大多是企业旅客，旅游出行的个人旅客还非常少。与PP卡所处的国外市场环境有很大区别。

就在业务模式遭质疑、高管团队骚动、诸多尝试均以碰壁告终之际，老蔡又得到了一个惊心的消息：PP卡宣布将进入中国市场。

这是个分量十足的劲敌。科领盛是全球最大的出行服务品牌，一旦进入中国市场，这条"巨鳄"极有可能掀起"价格战"，打得龙腾出行毫无还手之力。

正是"屋漏偏逢连夜雨，船迟又遇打头风"。龙腾出行外忧内患，危在旦夕，老蔡决定放手一搏。

寻找外援

蔡可慧认为，龙腾卡的市场接受度不高，是因为品牌传播不到位。如果能让更多人知道龙腾卡，就会有更多人使用，业务量和营业收入自然会提升。而解决品牌知名度问题的核心就是品牌传播。

大多数企业在面临增长问题时的"救命稻草"是"打广告"。如果有钱，就去中央电视台打广告。

但老蔡这个人很有意思，他不愿意盲目地做一件事情，所以他

---

① 机场贵宾室新贵通卡，简称PP卡。

想听听咨询公司的看法。

他是在龙腾出行为奥迪主办的商业论坛上认识我的。那是2009年，我和科特勒咨询集团创始人之一米尔顿·科特勒先生一起参加了这次论坛并做了演讲分享。我当时分享的主题是"流动的盛宴——如何打造高成长性服务品牌"。这次演讲给蔡可慧留下了深刻的印象。当时，我结合科特勒服务美国梅奥诊所的案例进行了深度分享，老蔡被其中的洞察力和方法深深打动了。

2010年，当他再次找到我的时候，已经和好几个咨询公司都聊过了，但是仍然觉得没有理清思路。因为他不只是想打个广告这么简单，除了做什么、怎么做，他还想知道这件事有没有做的价值，以及能否拯救龙腾出行的业务，很少有广告咨询公司敢打这个保票。

当时，我对龙腾出行问题的界定是"从机会性发展到战略性增长的体系和破局路径的构建"。科特勒大中华区管理合伙人王赛进一步提出，品牌问题很可能只是龙腾出行面临的表象问题，本质上是整个商业模式、增长模式都需要重构。我问老蔡："品牌推广是重点吗？还有没有其他类似的方法？因为龙腾出行的目的不是做品牌，也不是传播。而是要看业务有没有增长机会，以及现在制约增长机会的到底是哪些因素。"

"总之，龙腾出行当时的问题找广告公司肯定解决不了。"如今已是科特勒大中华区管理合伙人的乔林，当时作为项目经理负责这个项目。与龙腾出行部门负责人沟通之后，科特勒团队立即着手准备项目建议书。经过无数次的建立、推翻、优化，1周之后，项目建议书发往龙腾出行。蔡可慧看完项目建议书特别激动，立刻要求与科特勒咨询团队见面详聊。图7-10是为龙腾出行项目做出贡献的科特勒咨询团队，图7-11是蔡可慧与笔者的合影。

可是，第一次见面聊得并不愉快。

王赛认为："做品牌、做传播、做销售、做客户关系管理……这些都是散点，并不能形成增长结构。一个企业'得了病'，有很多方式可以解决。但这些是不是企业现在就需要的？这还要从结构上做判断。"

本以为"买贴膏药"就可以止肌肤之痛，却被揭示出"君有疾在肠胃"，蔡可慧刚开始并没有听懂或者说认可这个方案。方案讲完后，老蔡半天没有说话。王赛注意到，老蔡的手在抖。

中午吃饭时，时任龙腾出行策划品牌部经理曾湘粤请大家吃湘菜，他说："你们下午再讲一次吧。"意思是别用咨询顾问文绉绉又充满术语的语言，而是要接地气一点儿。

第二次讲解大获成功，蔡可慧迅速敲定了这次合作。

首先，这个方案给他解了惑，界定清楚了龙腾出行本质上是处于一个什么样的行业，做的是什么样的业务；其次，他知道了下一步要抓什么机会，需要打造什么核心能力，确定了未来增长之路和提升的方向；最后，老蔡觉得这个报告为他坚定了信心，也坚定了其他合伙人的信心——哪怕现在没有那么赚钱，但是继续投入，"死磕战略咽喉"，未来一定是可期的。

图7-10　科特勒咨询团队：乔林（左）、笔者（中）、王赛（右）

图7-11　蔡可慧（左）与笔者（右）在龙腾出行战略发布会上合影

这是个艰难又坚决的决定，与科特勒的合作金额达到龙腾出行全年营业收入的1/4。有人觉得：这个老蔡是不是疯了？"在和科特勒合作的事情上，我任何人的话都不听了，也不告诉朋友。我怕朋友笑我傻，我想就傻一回吧。"蔡可慧回忆说，"对当时的龙腾出行来说，这真的是很大的手笔，是鼓起了很大的勇气才做这件事的。"

破解谜题

敲定合作之后，双方就需要解决的问题达成了共识。第一个问题：龙腾卡是否值得做？这是市场空间问题；第二个问题，如果值得做，怎么做？这是市场战略问题；第三个问题，龙腾卡如何与PP卡在中国进行差异化发展，这是竞争战略问题。

提出正确的问题，正是寻求答案的开始。而每个问题又都如此棘手。

科特勒咨询团队开始了为期一个半月的辛苦调研，围绕整个产业链上下游全面摸排。从上游的机场管理当局到B端客户，再到C端最终用户，一一进行深度访谈和调研。

"做调研的时候，大家压力都很大。老蔡每周都会找我跟乔林喝茶，他自己也觉得看不清楚。他说如果真的不行，就如实告诉他，他把这个业务停掉。"王赛说。

调研是咨询工作的重要环节，但是调研与咨询的本质区别是：前者是发现事实，后者是分析事实并给出解决方案。这也是互联网时代那些手握庞大"数据池"的平台无法取代咨询公司的原因之一。

调研结果验证了龙腾出行最初对自身痛点的感知：业务增长遇阻的原因是个人用户使用率不高。但是调研同时揭示了使用率低的原因：由于企业客户传播力不足，个人用户很少得知自己手上的龙腾卡所包含的权益。也就是说，对于拿到龙腾卡的个人用户来说，不是"我知道但是我不想用"，而是"我根本不知道有什么用"。

事实上，龙腾卡所提供的服务是受欢迎的。调研发现，但凡使用过此卡一次的客户都会继续使用，满意度很高，并表示提前出门到贵宾室休息确实比匆匆赶飞机更舒适。在对那些没有用过的客户做完调研以后，其中有60%以上的人表示愿意使用。这表明龙腾卡的需求大量存在，只是尚未被激发。换句话说，这个业务绝对值得做。

看起来，我们似乎绕回了原点，这是品牌传播的问题。但是，请等一等，不要急于下结论。王赛认为，品牌传播只是问题的表象，"增长环节到底在哪里？如果投资之后，终端消费者还是不用这些卡，最终还是会出现问题。在龙腾出行的增长结构当中到底要推哪些产品，砍掉哪些产品？如果目前的产品对消费者没有吸引力，那么基于张卡还可以发掘哪些增长模式？这些都是很重要的决策"。

首先看第一个问题。

龙腾卡的痛点在于付钱的企业客户不是最终使用者，没有动力告诉个人用户怎么用这张卡。拿着卡的人不知道卡里有什么，也不知道怎么用，使用率自然不高。

"假如你看到了一个所谓的很宏大的战略问题，其实真正要解决的是一个非常具体的顾客需求问题。这个地方是龙腾卡的'阿喀琉斯之踵'。"乔林认为，机场乘客大多是"时间达人"，"大家都卡着点儿去机场，走贵宾通道直接登机，谁也不愿意在机场多坐。而且贵宾休息室也不是最靠近登机口的，所以龙腾卡其实是个小众需求，有可能高频，但并不刚性。而且，难道指望银行客户经理对龙腾卡大推特推吗？"

第二个问题：使用频次低，这其中固然有知晓度低的原因，但也可能是既有产品组合的吸引力不足。

根据龙腾出行的业务模式，科特勒咨询团队给出了一张增长图，穷尽了龙腾出行所有可能的增长路径，直接从结构上解决了这两个问题。

一是在既有客户的手机中安装路线导图，指引客户更方便地找到贵宾休息室，提高使用频次。二是在既有产品组合中增加其他VIP服务，增加对客户的吸引力。三是针对不同级别的客户，采取不同的激活策略。比如高端客户通过举牌单独迎接，中端客户通过分周期短信提醒等。四是拓展非机场客户，比如高铁客户。王赛表示："2010年，中国高铁发展很快，很多人坐飞机的频率没那么高，但却是高铁的高频消费者。"

他特别强调说："在这个过程中，我们没有用大规模'烧钱'

的广告投放传播方式，而是先让龙腾卡的业务形成一个增长结构，并列举出所有的方式。"

"我们拆解了几乎所有可能的增长路径，并结合了龙腾卡的可行性，比如资源的匹配度以及战略的紧迫度，给出了具体可行的解决方案。"乔林说。

四大"组合拳"打出之后，短短两个月，龙腾卡的使用频次迅速增加。

科特勒咨询团队还提出，将龙腾卡从单一产品转变为"一站式"解决消费者出行所需的大服务平台，对服务产品进行新的整合，推行"从门到门"的高端出行服务。

客户从出家门开始，龙腾出行就会安排司机开着礼宾专车接送，与原有的机场贵宾室接待、商务通道连接起来，形成一张网，每一个点都由龙腾出行安排好，而客户要做的仅仅是一通电话或者使用App应用预约，即可从容出行。通过此举，孤岛式的出行服务将逐渐贯穿成为一个有机整体，同时也提升了客户的使用体验和使用频次。

2010年年底，在龙腾出行的年会上，蔡可慧拉着科特勒咨询的顾问喝酒。这次的气氛完全不同，王赛对蔡可慧说："龙腾卡的业务非常有希望，没问题，接着去做！"

第二年，龙腾卡业务增长翻番。

以守为攻

龙腾出行的业务是从企业客户做起的，但在增长趋缓后，一度曾将发展个人客户提上议程。

但2010年显然还没到做个人客户生意的最好时机。那一年，《中国民用航空》杂志发表了一篇名为《国内民航客运市场构成及消费行为分析》的文章。文中调研显示，2009年民用航空旅客行业分布中比例最高的是民营企业旅客，占20.16%；其次是国有企业旅客，占19.6%；再次是外资企业旅客，占11.84%，接下来依次是国家机关、教科文卫、农业生产和部队旅客等，个人旅游出行比例最小。

除了个人客户规模小的问题，龙腾卡年费定价2000元，超出相当一部分人的消费能力，而且当时的支付手段也不足。此外，乔林认为："如果拓展个人客户，对龙腾出行的资源要求、组织能力要求都非常大。在综合分析市场规模、成本和回报之后，我们当时为龙腾出行确定了继续做透企业客户的增长路径。"

同时，企业客户也越来越关注服务质量。乘机旅客选择航班时，安全因素均位居历年首位。2007年，其他因素根据所占比例排序依次为航班时刻、航空企业品牌、服务、票价、航班正点。可是2008年，服务在考量因素中所占比例从26.11%上升到了28.48%。

"当时我们预估企业客户出行服务的行业规模大概是20亿元。"乔林说道，"只有确定了是做企业客户业务，龙腾卡才能摆脱用品牌传播拯救业务的模式。如果当时确定进军个人客户领域，龙腾卡还是需要通过广告公司或者公关公司进行大规模的广告传播达到目的。"

龙腾出行当时虽然有着稳定的现金流，但增长有限。如果烧钱大打广告，现金流很有可能崩掉。"本质还是调整增长结构，使企业能够稳健增长。那时，个人客户市场还没有成熟，但今天有可能已经成熟了。我认为今天的龙腾卡完全有资源和精力进入个人市场，但当时确实不适合。"王赛说，"营销跟做广告、传播、公关完全不一样。营销应该是按照整个企业增长当中的命脉点或制约点，找到制约增长的'咽喉'，然后将其拆解成增长的'台阶'和逻辑，建立整个运营路径。"

以攻为守

在龙腾卡热火朝天地调整增长结构时，PP卡已经开始在中国大规模进行市场推广，并打出了"年费8折"的口号。"价格战"一触即发。

营销领域常见的攻击方式和防御方式都是"价格战"。本土企业常挟地利人和，通过"价格战"拖死强大的全球对手。如同第二次世界大战期间，苏联利用天寒地冻的地理战略纵深拖垮纳粹德国。但是，"价格战"不打则已，一打就是"伤敌一千，自损八百"。

PP卡来势汹汹，龙腾卡如何避其锋芒？"再假设，即使没有

'价格战'，PP卡的资源也更强，银行很可能选择不跟龙腾卡合作。这对于龙腾卡来说，同样是灭顶之灾。"王赛认为，看问题要看到本质，"如果银行跟PP卡合作，只能说明龙腾卡的转换成本太低。核心不是价格，核心是合作的信任度。"

那么，如何提高企业客户的信任度？

科特勒咨询团队建议龙腾出行开发一个符合银行客户管理的后台客户数据系统，并将其整合起来打包卖给银行。通过这个数据系统，银行会了解到自己高端客户更全面的出行数据。如此一来，龙腾出行也开始从简单的服务企业向客户资产运营型大数据企业转型，与竞争对手的业务模型产生了本质的区别。同时因为数据系统在客户企业的接入，所以有效提高了客户的转换成本。

在做客户回访时，有银行客户跟乔林反馈说："刚开始，我们并不觉得这个事情有多好，但是这个报表能够被我们的客户采用。能做到这一点，转换率就太高了。"

提高银行客户的合作信任度之后，龙腾出行构建了自身的增长"护城河"，巧妙避开了PP卡的猛烈攻势，不仅安然生存下来，还开拓了更广泛的增长空间。

"将客户静态性的数据连接之后，针对客户资产，龙腾出行还可以做更多事情，比如高端培训、高端旅游等。"2011年左右，王赛跟蔡可慧聊过龙腾出行更为长远的前景，蔡可慧非常激动。"我跟老蔡说，从长远来讲，龙腾出行会变成中国高端客户资产运营数据最大的一家企业，而且企业天花板的线是可以不断上移的"。

2015年，龙腾出行率先与中国科学院深圳先进技术研究院合作设立"中科院先进院—龙腾出行服务大数据挖掘联合实验室"。

通过挖掘1200万精英用户、100多家明星客户的出行数据，龙腾出行为用户提供了个性化定制服务，推出人工智能产品、用户痛点产品等。因为对高端资源和数据的双重掌握，龙腾出行将成为高端出行、交通旅游服务产业的推动者。

此外，情景革命也将重塑电商的产品、营销、渠道和连接方式。龙腾出行利用大数据，对线下场景不断改造，衍生出花样繁杂的新产品。在用户出行的每个场景中，只要能适时提供其可能需要的以及关联的产品，龙腾出行便能获得发展的爆发能量。

此时的龙腾出行，已经无惧任何竞争对手的挑战。龙腾出行近年会员数增长情况见图7-12。

先胜后战

根据科特勒咨询团队设计的增长地图，10年来，从优化产品使用、机场全覆盖、出行节点全覆盖、国际市场进入，龙腾出行一步一步走得稳健且扎实。

截至2019年年底，龙腾出行服务网络覆盖全球140个国家和地区、600多个城市、超过700个机场和高铁站，在全球范围内拥有超过3000万会员和400家知名企业，覆盖银行、卡组织、保险、机场、酒店、互联网、手机等行业，成为全球第二、中国第一的高端出行品牌。

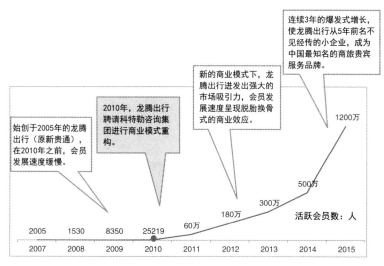

图7-12　龙腾出行近年会员数增长情况

　　"孙子兵法讲'先胜后战'，而不是讲'先战后胜'。在整个增长结构没有设计清楚之前，'烧钱'做传播是会出现问题的。现在，龙腾出行完全可以'烧钱'来做爆发增长了，因为打法不一样了。但是还是有很多企业先'烧钱'打爆发线，扩大规模，最后发现屁股在流血。"王赛笑道。

　　近年来，随着个人旅客规模的爆发，龙腾出行的客户积累逐渐从企业客户向个人客户自然迭变，在并没有"烧钱"做传播的前提下，呈现出"滚雪球效应"，实现了10年增长100倍。

　　回顾整个案例，王赛认为，好的咨询顾问是驱动客户，而不是被客户所驱动。"不是客户告诉咨询顾问说自己要什么。好的咨询顾问一定要跟企业家同频。然后双方在增长结构当中形成共同的判断以及资源地图。什么叫市场战略资源？不仅仅是广告和品牌传播，而是要回到商业结构当中去看增长瓶颈在什么地方。这是科特勒与其他咨询公司的不同之处。"

现在，蔡可慧依然会感叹，制定系统的增长战略是自己在企业发展关键时刻做得最正确的一件事。"与科特勒合作以后，我从来没有动摇过方向。我们知道这条路是怎样走的，就可以很专注地做这件事情。"

第 8 章

营销驱动增长的核心理念

至此，本书已经把营销驱动增长最核心的三大驱动力——顾客、产品和渠道，以及战略性增长的两大来源——品牌和数字化，提纲挈领地为大家构建了方法，并提供了一些核心工具。如何更高效地使用这些方法与工具，大家还需要掌握营销驱动增长的核心理念。

驱动增长的营销的10个特征

如果要使营销顺利驱动增长，实现企业利润增加，营销通常要具备以下10个特征（见图8-1）。

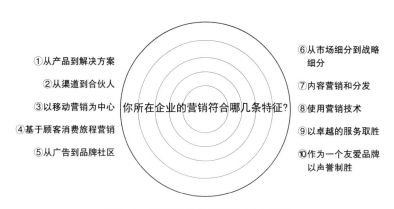

图8-1　驱动增长的营销的10个特征

从产品到解决方案。企业要从单一的销售产品变成服务顾客，最终形成解决方案。

从渠道到合伙人。对于渠道，企业要从过去的竞合关系转变为合伙人关系，联合厂商、品牌一起交付卓越的顾客价值。

以移动营销为中心。今天，企业要以进入顾客的手机为核心，展开移动营销、基于位置的营销、无处不在的沉浸式营销，即针对每一个手机的主人，进行个人化营销。

基于顾客消费旅程营销。企业要以顾客的消费路径为核心，对接营销4P、对接渠道、对接营销链条，要让营销工作和营销链条更好地帮助顾客在消费路径中顺利地完成每个阶段的任务。

从广告到品牌社区。企业要从过去仅仅依靠广告进行传播，构建顾客对品牌的认知，变成更多地通过品牌社区，把相同的人、具有共同品牌理想的人聚在一起，共享品牌、探索品牌的内涵。

从市场细分到战略细分。企业要从过去以传播为导向的静态的市场细分，变成以战略型客户、以最有价值的顾客为核心的战略细分，从而指导企业开发出针对特定用户的、有差异化的超级战略大单品。

内容营销和分发。企业要从以内容营销和分发为核心，塑造企业和顾客的知识互动，提升顾客的黏性，用短视频、图文等形式展示关于品牌的知识、内容，进而塑造顾客对品牌的认知，提升顾客的购买欲望。

使用营销技术。企业要学会在营销当中、在顾客消费路径当中、在零售店面、在后台和中台分析当中使用营销技术，从广告技术到营销技术到传感器，再到大数据，实现人机合一，从而最大化提升企业的营销效率。

以卓越的服务取胜。企业还要关注卓越的、让顾客体验非常好的、深刻难忘的服务，赢得差异化竞争。要让顾客高兴、记忆犹新、获得"小确幸"，通过最专业的服务获得胜利。

作为一个友爱的品牌以声誉制胜。企业不仅仅要满足于做情感品牌，还要打造价值观，关注社会上共同关心的事物，以符合所有利益相关者利益的方式、让地球变得更加美好的方式、创造更多共享价值的方式做生意。企业要成为一个人人爱戴、弘扬社会价值观、对社会有益的企业，而不是一个只会闷头挣钱、打造情感故事的小企业。

以上10条构成了驱动增长的卓越营销的特质。大家可以认真思考一下：自己所在的企业做到了哪几条？还有哪些有待改进？

营销组织必备的8个核心能力

要用营销的手段实现企业利润的增长，而这种利润增长不会自然地发生，它需要解构，也就是本书所谈的结构性增长的3个核心驱动力和战略性增长的2个来源。在营销5.0时代，企业要实现增长，不仅要采用新的营销模式、新的营销战略，同时企业组织和个人、团队也要具备新的营销能力（见图8-2）。

① 制定增长战略　　⑤ 顾客经营

② 品牌建设　　⑥ 社交营销

③ 新产品营销　　⑦ 内容营销

④ 创新渠道　　⑧ 直播和短视频营销

图8-2　营销5.0时代的8个核心营销能力

企业应当具备制定增长战略的能力。我们看到，很多超新星品牌在2022—2023年迅速陨落，除了宏观经济形势的影响，还有一个关键的内在原因就是这些企业缺乏制定增长战略的能力。这些品牌往往是通过传播迅速崛起，实现了从0到1的突破，却没有建立起持续增长的结构。一旦传播预算额度降低，就失去了增长的来源。

企业要具有品牌建设的能力。品牌是企业获得战略性增长的杠杆之一。品牌建设不仅仅包括传播能力，它还涉及企业价值观的构建等等。

接下来的3个能力就是本书重点分析的3大结构性增长来源：顾客、产品、渠道。那么，如何实现企业与顾客的持续交易关系，提升顾客终身价值？这就涉及具体的营销能力的建设，比如社交营销、内容营销和直播、短视频营销能力等。如今，品牌的打造已经从过去的单一媒介传播变成了构建品牌社区，企业要与顾客积极互动，因此企业必须学会塑造价值观，会讲情感故事，要学会策划、制作和分发内容。

所以，制定增长战略、品牌建设、新产品营销、创新渠道、顾客经营、社交营销、内容营销、直播和短视频营销，它们共同构成了通过品牌实现增长的8个核心能力。这8个能力之间不是孤立存在的，它们与驱动增长的结构性和战略性引擎高度相关。

通过阅读本书，希望大家能够构建起企业自身的增长地图。思考"顾客+产品+渠道+品牌+数字化"的优化该如何驱动增长。同时围绕着增长地图，构建企业的能力地图，培育核心能力。因为如果没有这些能力，空有地图也无法落地实现。这8个能力是新时代营销人必备的武器。

最后，我补充一个非常关键的内容：企业不仅仅要掌握新能力，还要构建新型营销组织。我称之为"建立以顾客为中心的增长组织"。

过去，营销组织是按照品牌、部门、区域来划分的，但是这样的划分方法已经不再适用于今天。因为今天顾客的选择很多，而且可以在线上、线下渠道游动。今天的顾客见多识广，而且他们从认知、需求唤起、产生兴趣，到询问，再到购买，整个过程被高度压缩了。所以那些基于传统品牌部门的流程，会制约顾客购买的顺畅度，反过来就会影响企业的盈利。

所以，在组织内部要围绕着从产品端到顾客购买端，形成"端到端"的以增长为导向的统一流程。实现从厂家、产品到渠道、终端，再到顾客的统一流程，形成顾客认知和客户管理的一体化组织。它的核心就是围绕顾客的核心消费旅程，围绕顾客资产，围绕顾客的细分市场展开行动，而不是简单地按照区域、产品、品牌去组织。

在这样的大背景下，企业如何去变革和建立这样的组织？

我没有一个统一的答案告诉读者，但是我可以给出一个工具（见图8-3），这个工具涵盖了28个问题，包括企业组织方式、核心用户、现有流程、企业文化、现在的核心考核和组织内部的激励体系等内容。通过问这28个问题，有助于企业构建自己的"增长组织"。这28个问题就是28个路标，企业可以通过它来构建自己的顾客中心型组织。

构建以顾客为中心的增长组织

企业是否拥有 以顾客为中心的战略	企业的流程是否 使战略运转顺畅	企业是否 围绕顾客需求开展工作	企业是否拥有 以顾客为中心的文化	企业是否 投资于营销能力	企业是否 给营销分配了足够的资源
是否明确 定义目标市场	新产品开发 流程如何	是否整合组织以满 足顾客需求	使命或愿景是否 以顾客为中心	是否持续在了解 顾客需求方面 进行投资	是否了解 营销指标的作用
每个目标市场 是否有差异化 的价值曲线	订单完成 流程如何	是否将顾客需求与 员工行为连接起来	顾客的声音是否体 现在战略规划中	是否 以营销流程为标杆 进行投资	是否定义了 营销指标
价值曲线 是否被证实有效	顾客关系 流程如何	是否按照顾客标准 对员工进行奖励	高层管理者的行为 是否体现了以顾客 为中心的宗旨	是否在组织提升员工 营销技能方面 进行了技投	是否进行试验 验证ROI
是否在关键细分市 场定位准有效	渠道和用户 一体化流程如何	是否授权一线解决 员工问题	是否在强化顾客 为中心的符号	来自顾客的数据 是否有助于企业更 好地服务顾客	是否有针对不同营 销组合的分析方法
价值网与目标市场 顾客价值曲线是否一致		组织内是否有反馈 顾客问题的系统	顾客至上是一种普 遍认同的规范吗	顾客是上个企业更 好地服务顾客	是否给营销 分配了足够的资源

图8-3 通过28个问题建立客户/顾客一体化中心组织

来源：科特勒咨询分析，《营销思变：七种创新为营销再造炬》

最后，作为本书的总结，我想给大家一个建议：要成为一个真正的企业家，你必须先成为顾客价值的创造者、守望者。你要永远关注顾客价值，持续地为顾客创造价值，并以顾客价值作为企业经营和专业生涯的最高指标。

一位著名犹太人投资家曾经讲过：创造世界级的财富其实非常简单，只有3点。

第一，你要发现一个秘密。

第二，你要不声不响地把这个秘密做深、做强、做大。

第三，你要让所有人看到这个秘密，使之成为行业标准。

这句话用营销语言翻译过来就是：你要找到核心客户未被满足的超级痛点，找到对某种产品最不满意的一群人和他们未被满足的需求，然后用价值公式、价值曲线，为他们创造出专属的产品，让所有人看到并成为价值标准。

所以，如果你的企业不是基于"秘密"（这个"秘密"可以指代独特的价值），不是基于独特人群，企业价值就很可疑。企业的"大厦"可能建立在沙滩之上。所以你要问自己："我的企业有没有秘诀？我有没有找到顾客价值密码？我有没有潜心用价值曲线去做深、做强、做透一个产品，把各个顾客的问题变成专属解决方案？"

很多人每天忙得焦头烂额，看似很勤奋，实际上最忙碌的人却很有可能恰恰是最懒惰的人，为什么？因为今天有不少人，他的忙碌是不假思索的，是没有做好规划、是被习惯所驱使、是"别人怎么做，我就要怎么做"、是被一堆火烧眉毛的事情催着走……这样的忙碌让他一直惯性地重复那些最低效的事情，用身体的忙碌来掩盖思维的惰性。他很少动脑子去想这件事情这样做对不对，有没有更好的做事情的方式，选择做的事情对目标客户是不是最重要的。不思考，不总结，他只用最偷懒的方式让自己忙起来，这种人在组织当中是很可怕的。如果一个组织当中这种人多了，这个组织会变成低智商组织。

所以，亲爱的读者朋友，我希望你能成为一个真正在智慧上勤奋的人，在行动上坚决的人，一个善于总结归纳、整理反思的人，一个善于从外部借鉴别人的经验并消化学习的人。归纳总结你的企业模式，让你的时间花在做最有意义的事情上，让事情越做越顺利，让自己越做越高效，而不是天天在低水平层面重复。

这是一个底层的认知：不断地总结观察，寻找那些战略"咽喉"和核心撬动点，找到最佳的做事模式和方法，让时间成为你的朋友，而不是让时间不断地"折旧"你。

最后，善良是唯一常胜不败的投资。当你面临决策想不清楚的时候，当出现模棱两可的局面的时候，该怎么决策？你的唯一决策标准应该是善良，要选择那些对你的顾客价值有利的决策。坚持这样做，你会成功。因为营销、商业、生意的本质都是利他，都是用我们的资源，不断为顾客创造卓越的价值。

营销的本质就是利他，营销的核心就是"我们如何不断地交付承诺过顾客的价值"。所以当你不再用"我现在能赚多少钱"这个标准去考虑事情的时候，往往会豁然开朗。当你站在顾客角度，开始考虑怎样做可以让顾客更成功，怎样让顾客更省钱，怎样让顾客变得更加优秀，怎样让顾客可以更健康的时候，你就踏上了正确的竞争之道。

我们学习、实践、工作，要永远记得：我们身边那些成功的人，往往不是最聪明的人，而是那些最善于从周边的朋友和资源当中学习、归纳和总结经验的人，那些引领我们产生变革的人。那些帮助我们穿越黑暗丛林的人，往往是那些最善于和志同道合者携手前行的人。

今天的企业环境正面临巨变，每个人都会面临知识经济的冲击、技能的过时，我们需要不断更新自己。你是否真的踏上了通向未来的道路，将取决于你对未来探索的质量，以及你实践反思的能力。

我希望读者朋友通过阅读本书，不仅能建立起关于增长的思维框架，了解营销如何驱动增长，更重要的是要理解做生意的本质是什么？驱动企业增长的根本性动力是什么？企业如何从机会性增长变成战略性增长？

正如现代营销学之父菲利普·科特勒先生所讲，"如果5年内你还在按照一样的方式做着一样的生意，那么你离关门大吉就不远了"。这句话不是危言耸听，而是现实。

面对未来，我希望读者朋友能与善意者同行，与强者为伍，不断提升自己的技能，不断用自己的技能带动组织能力提升、企业绩效提升。让我们不断兑现对顾客的承诺、对爱我们的人的承诺、对我们爱的人的承诺。

人生是一个承诺，营销也是一个价值承诺，让我们一起交付给顾客一份卓越的价值！谢谢您的阅读！